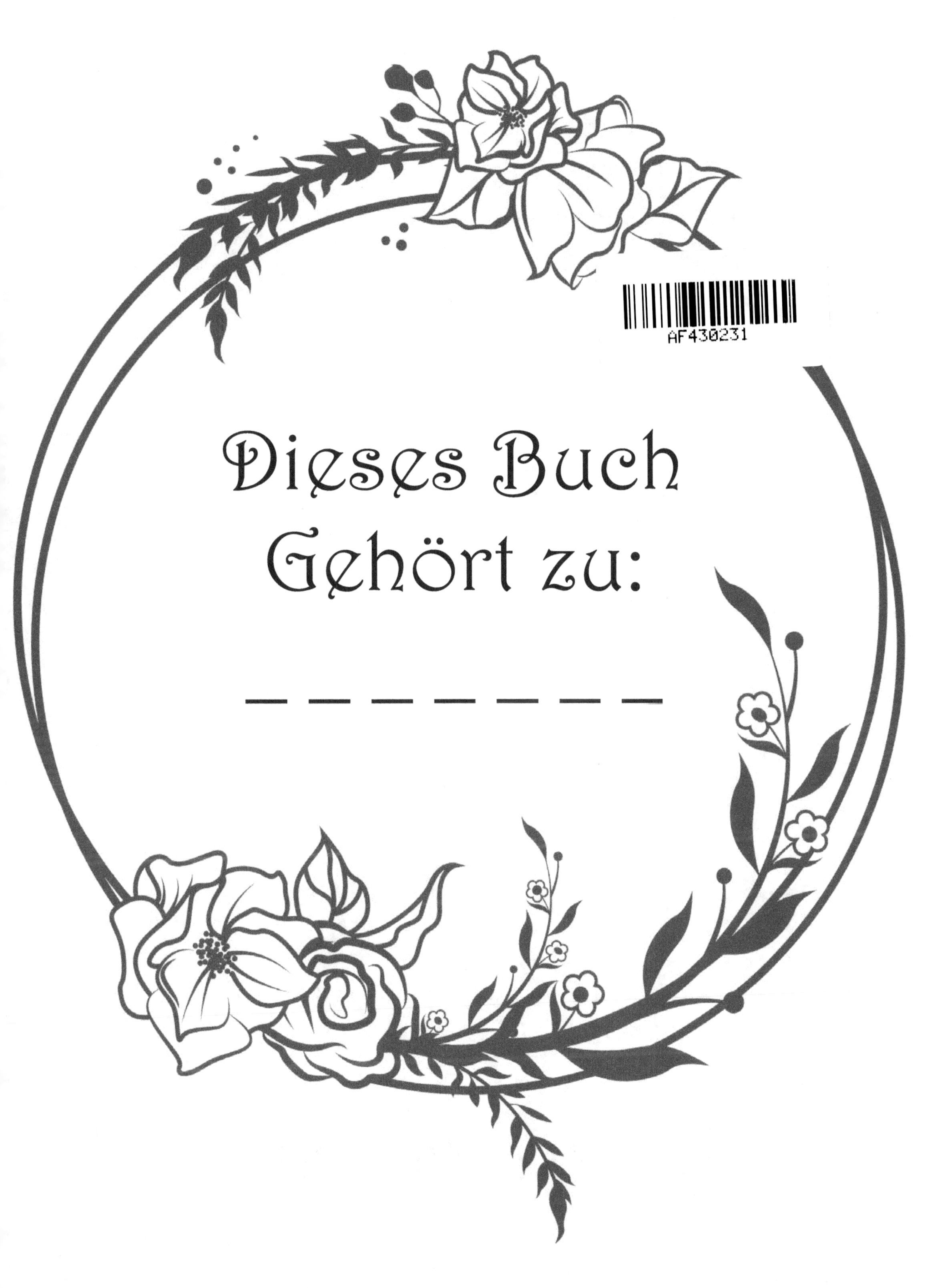

AF430231
Dieses Buch
Gehört zu:

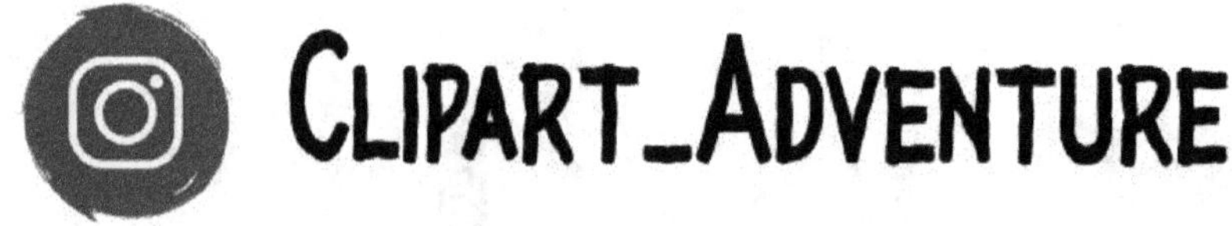
Clipart_Adventure

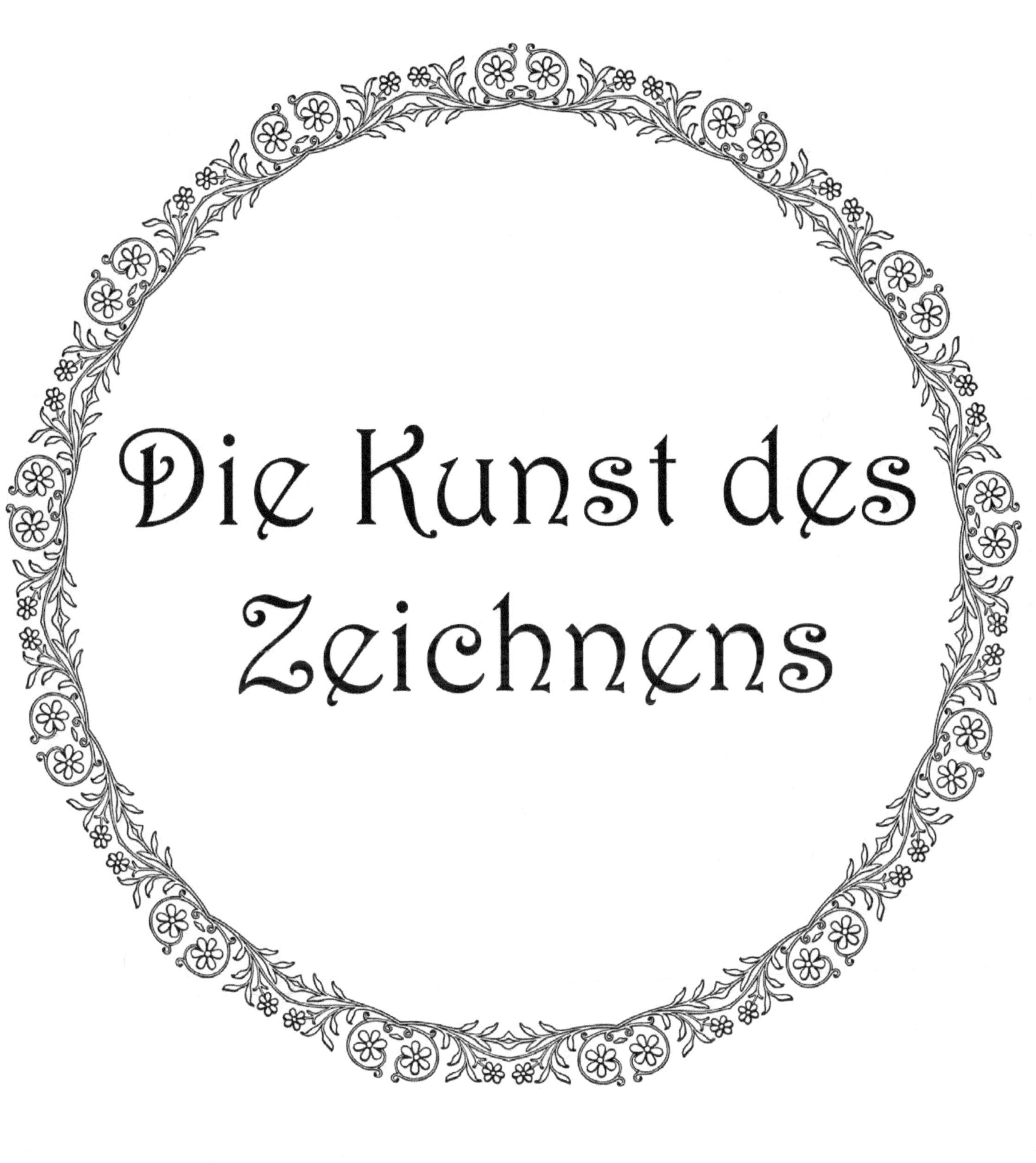

Die Kunst des Zeichnens

Zeichnen Lernen

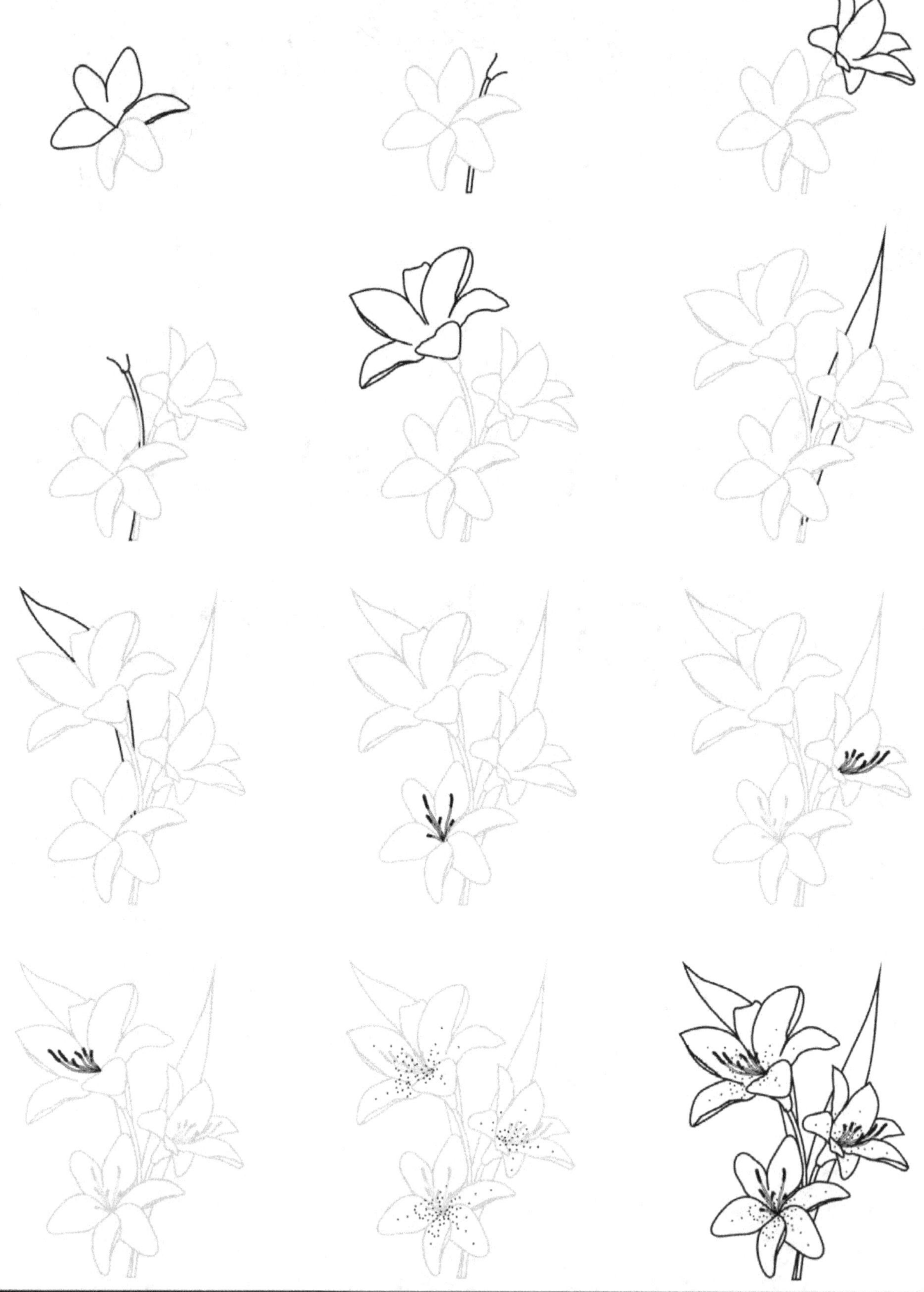

Jetzt Sind Sie Dran!

Zeichnen Lernen

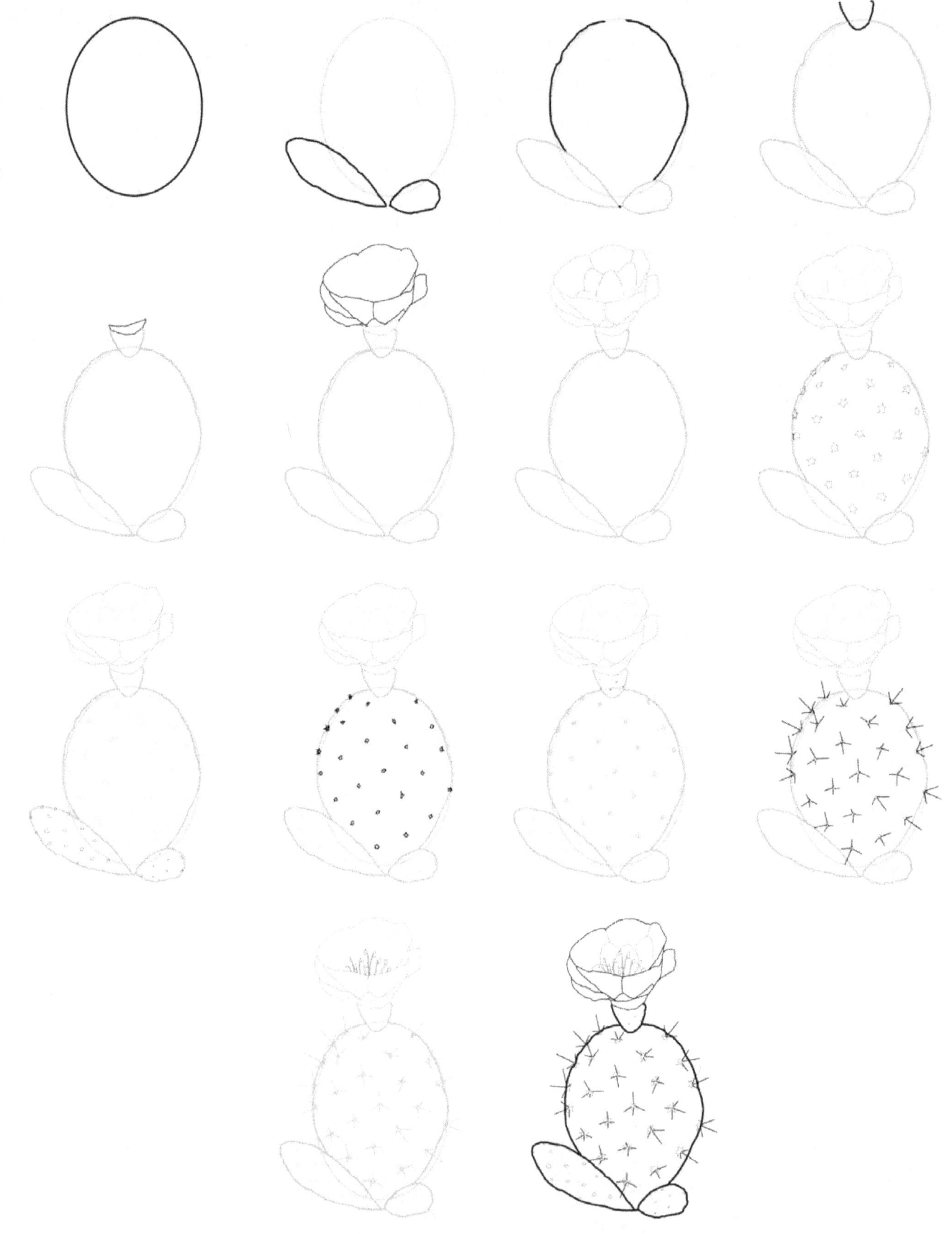

Jetzt Sind Sie Dran!

Zeichnen Lernen

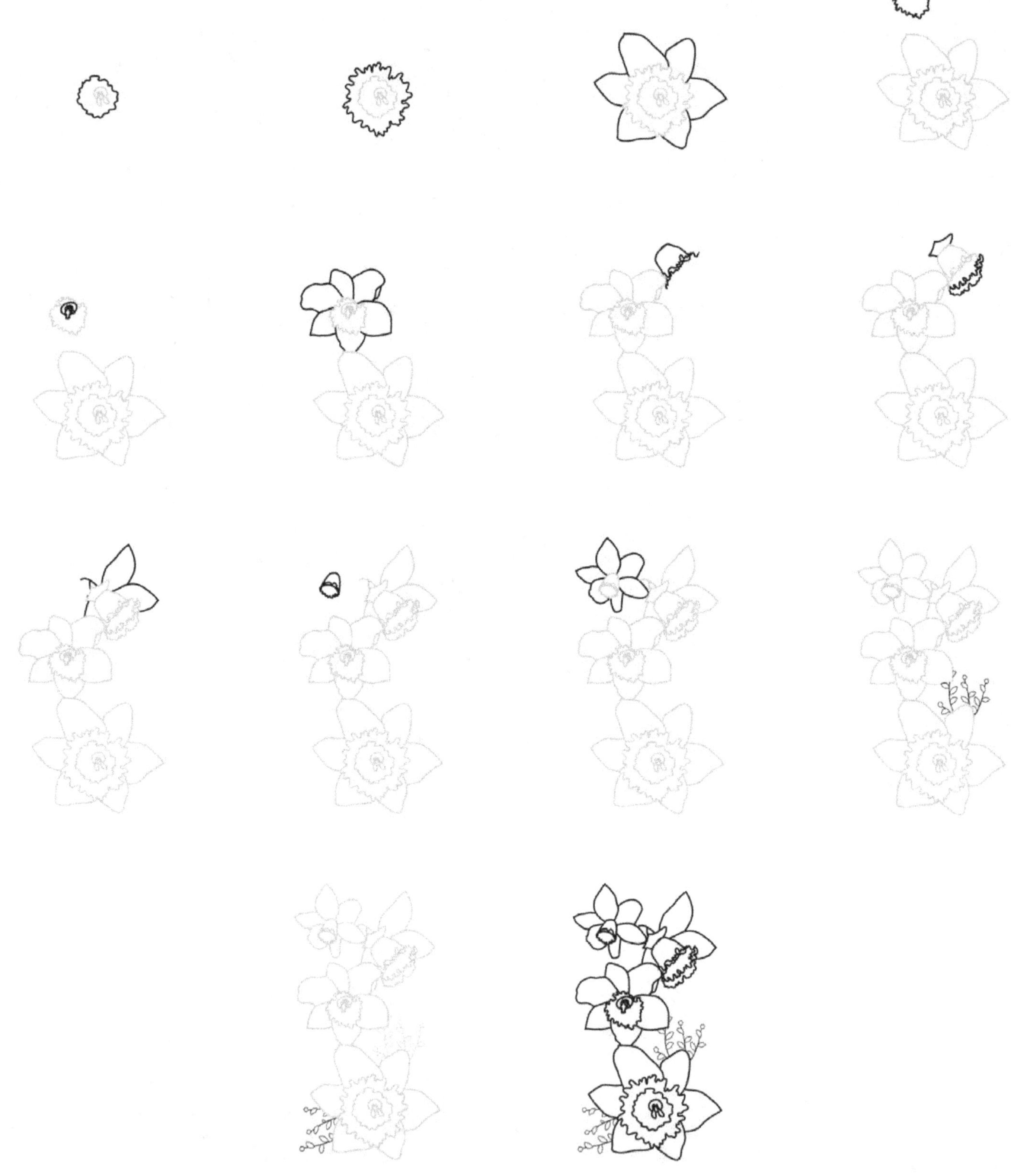

Jelzl Sind Sie Dran!

Zeichnen Lernen

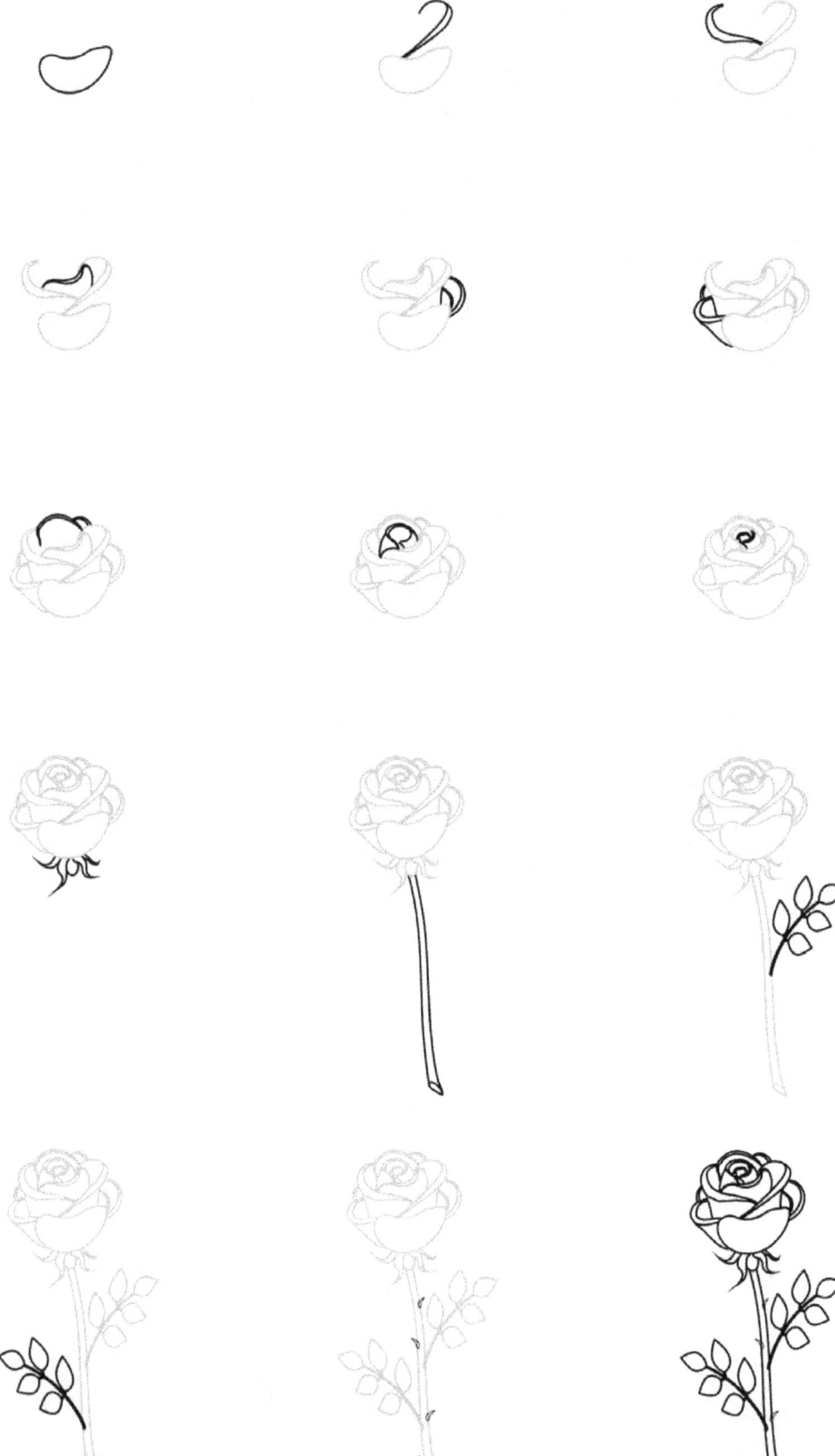

Jetzt Sind Sie Dran!

Zeichnen Lernen

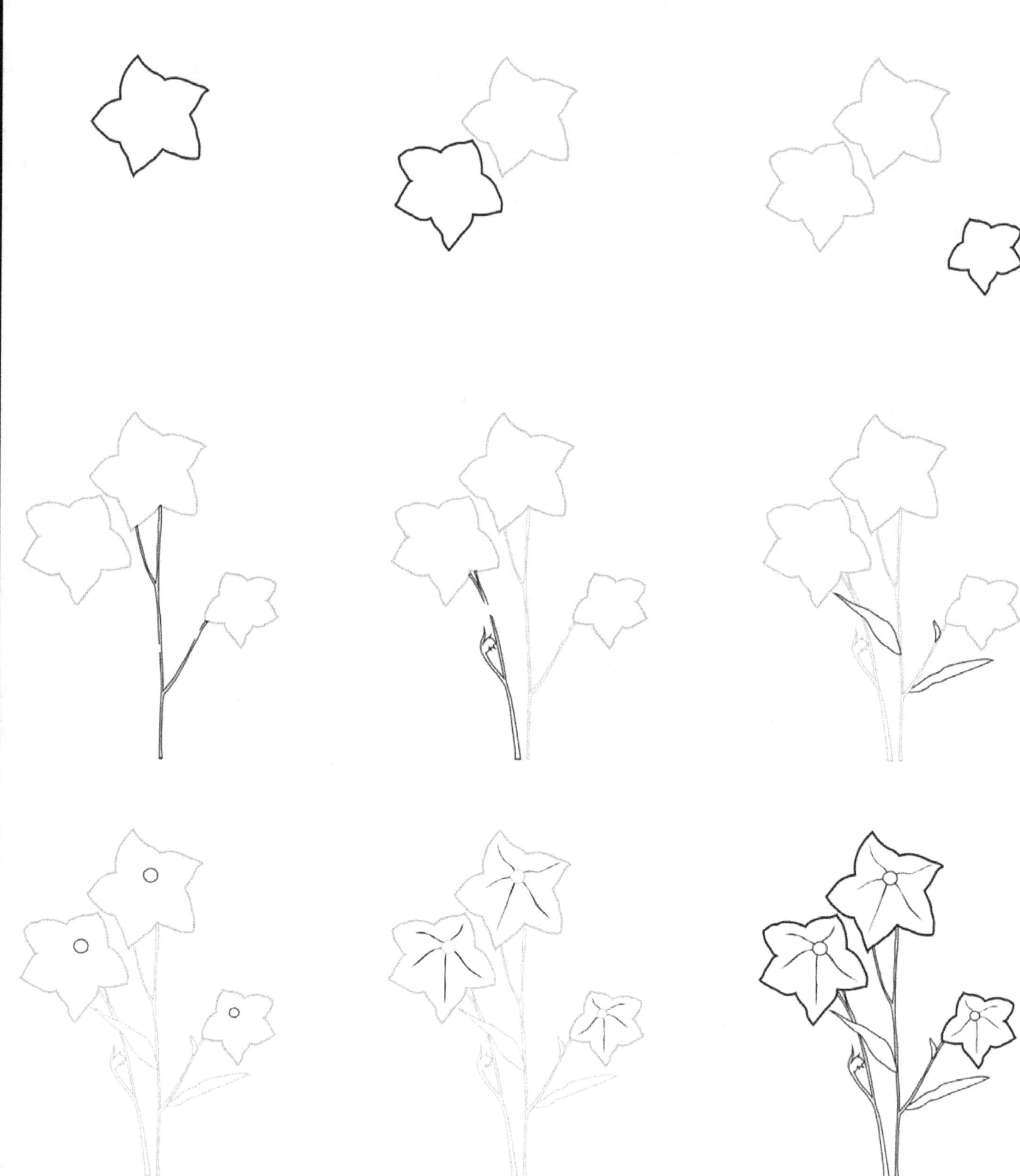

Jelzl Sind Sie Dran!

Zeichnen Lernen

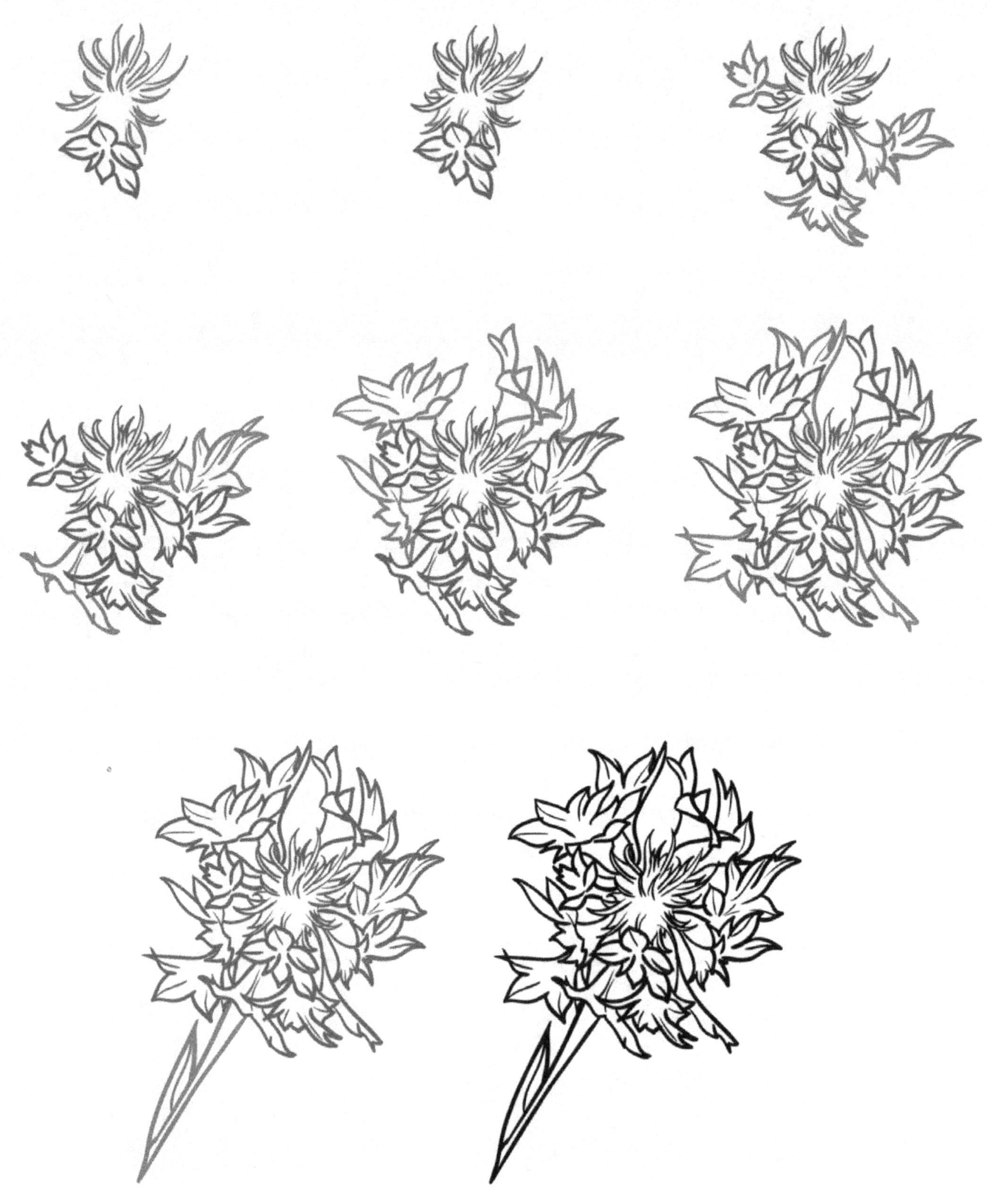

Jetzt Sind Sie Dran!

Zeichnen Lernen

Zeichnen Lernen

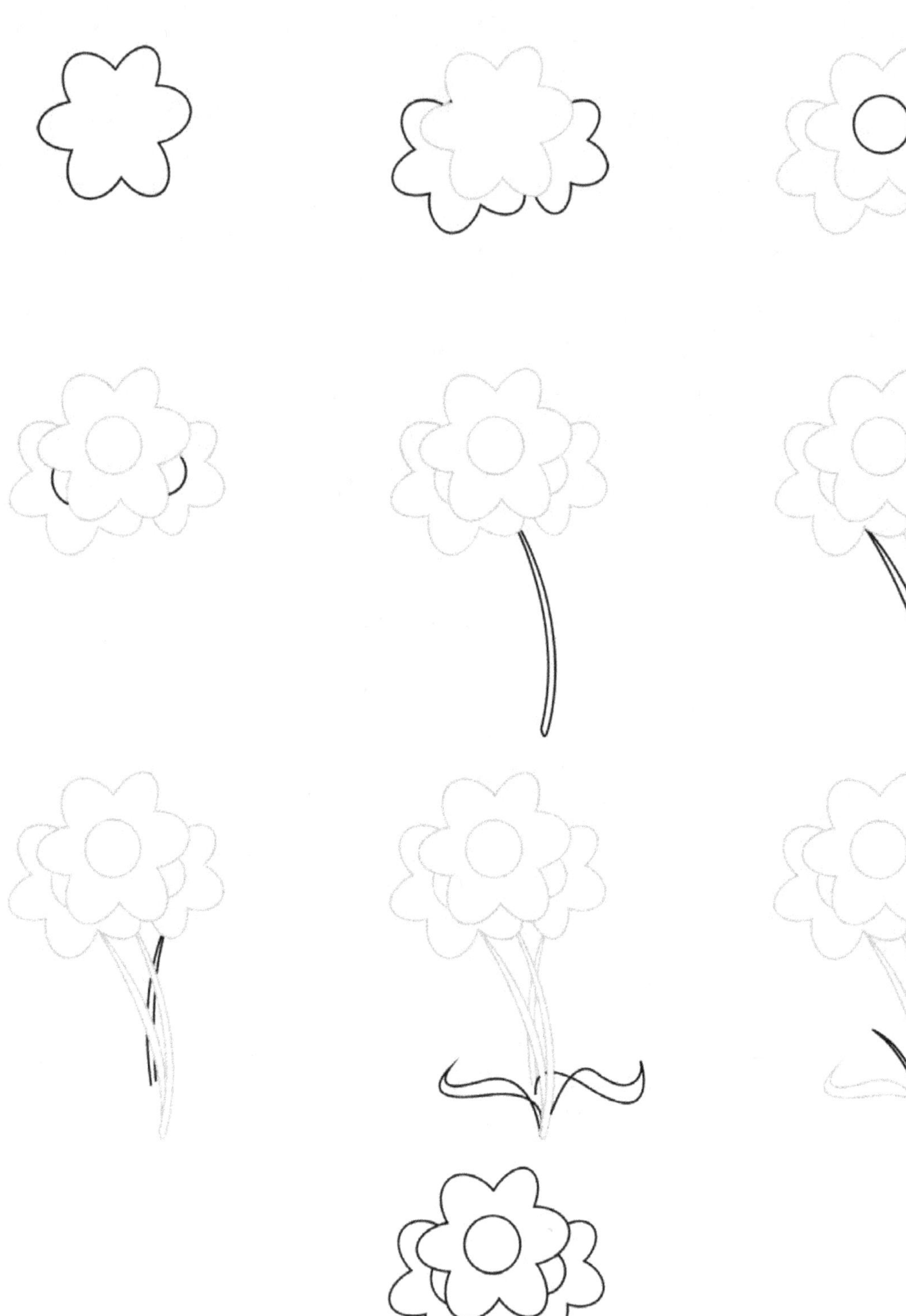

Jetzt Sind Sie Dran!

Zeichnen Lernen

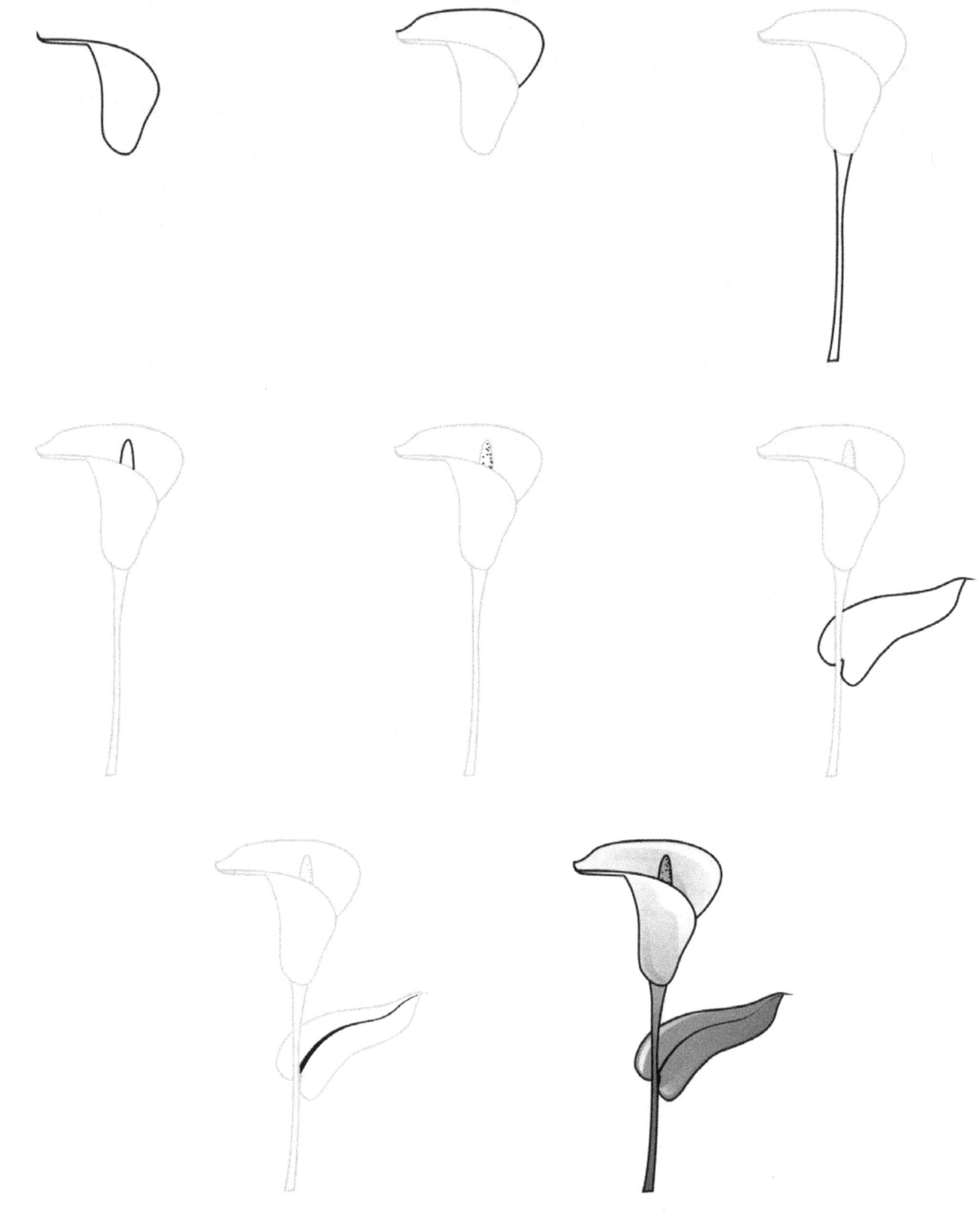

Jetzt Sind Sie Dran!

Zeichnen Lernen

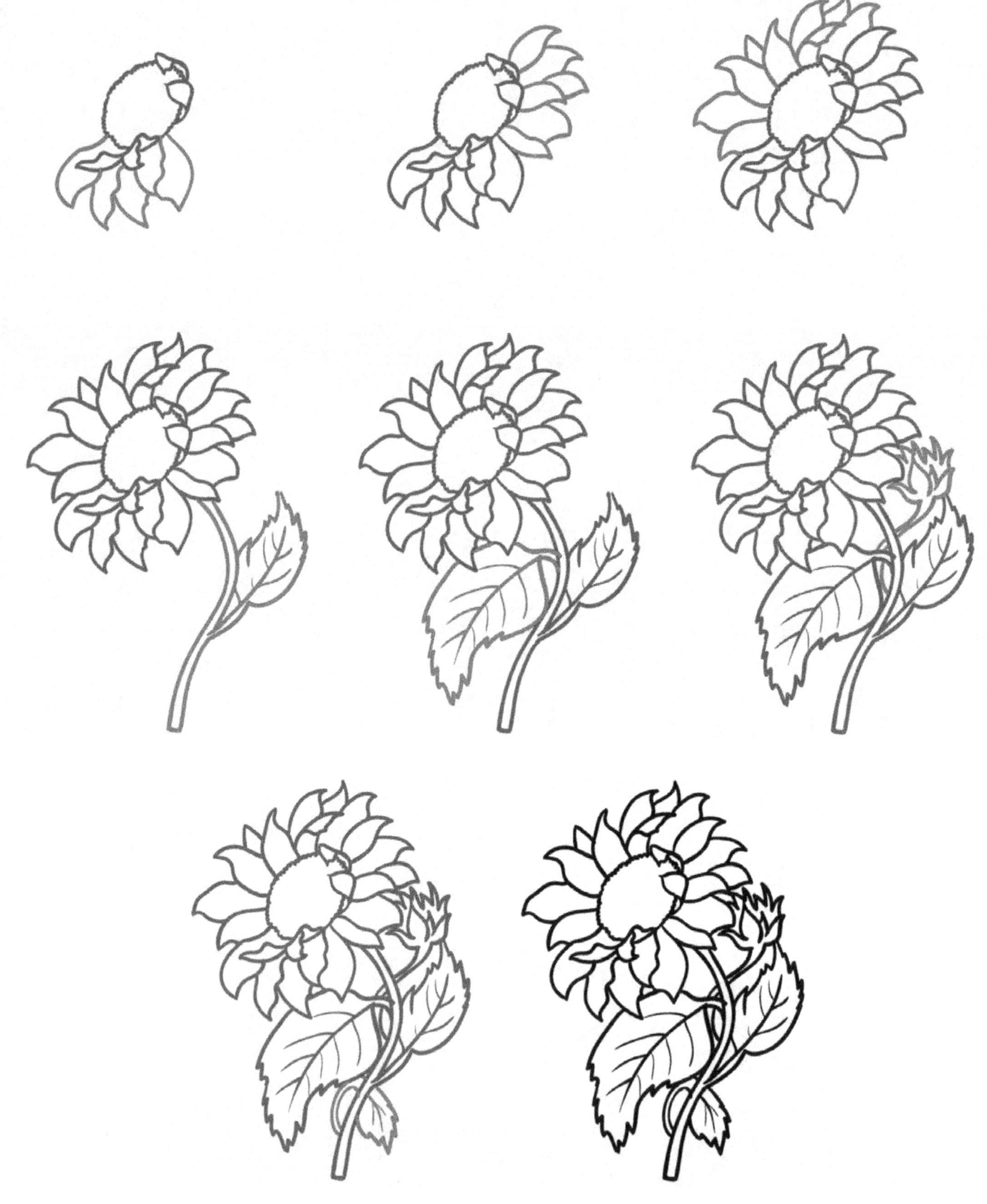

Jetzt Sind Sie Dran!

Zeichnen Lernen

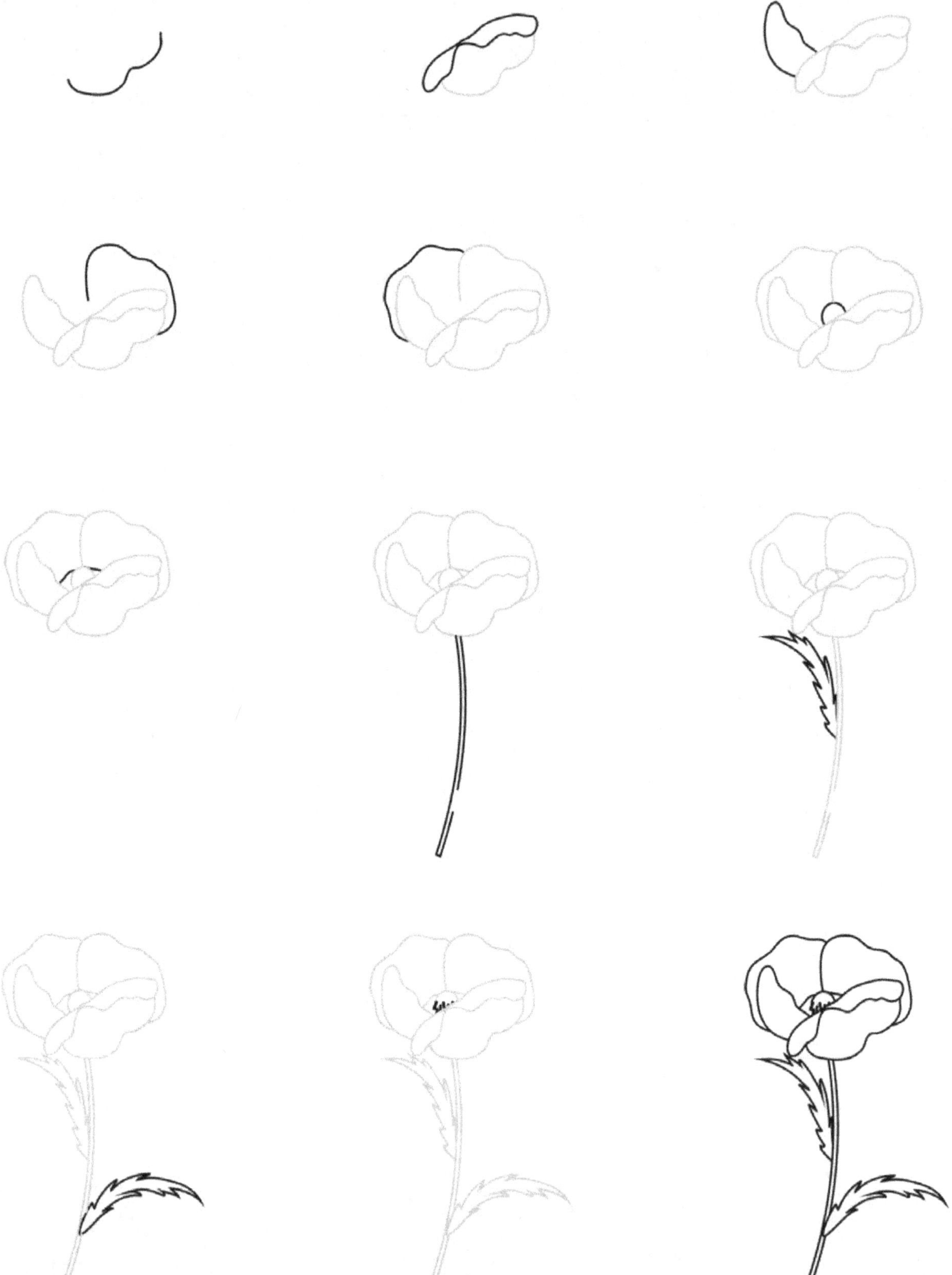

Jetzt Sind Sie Dran!

Zeichnen Lernen

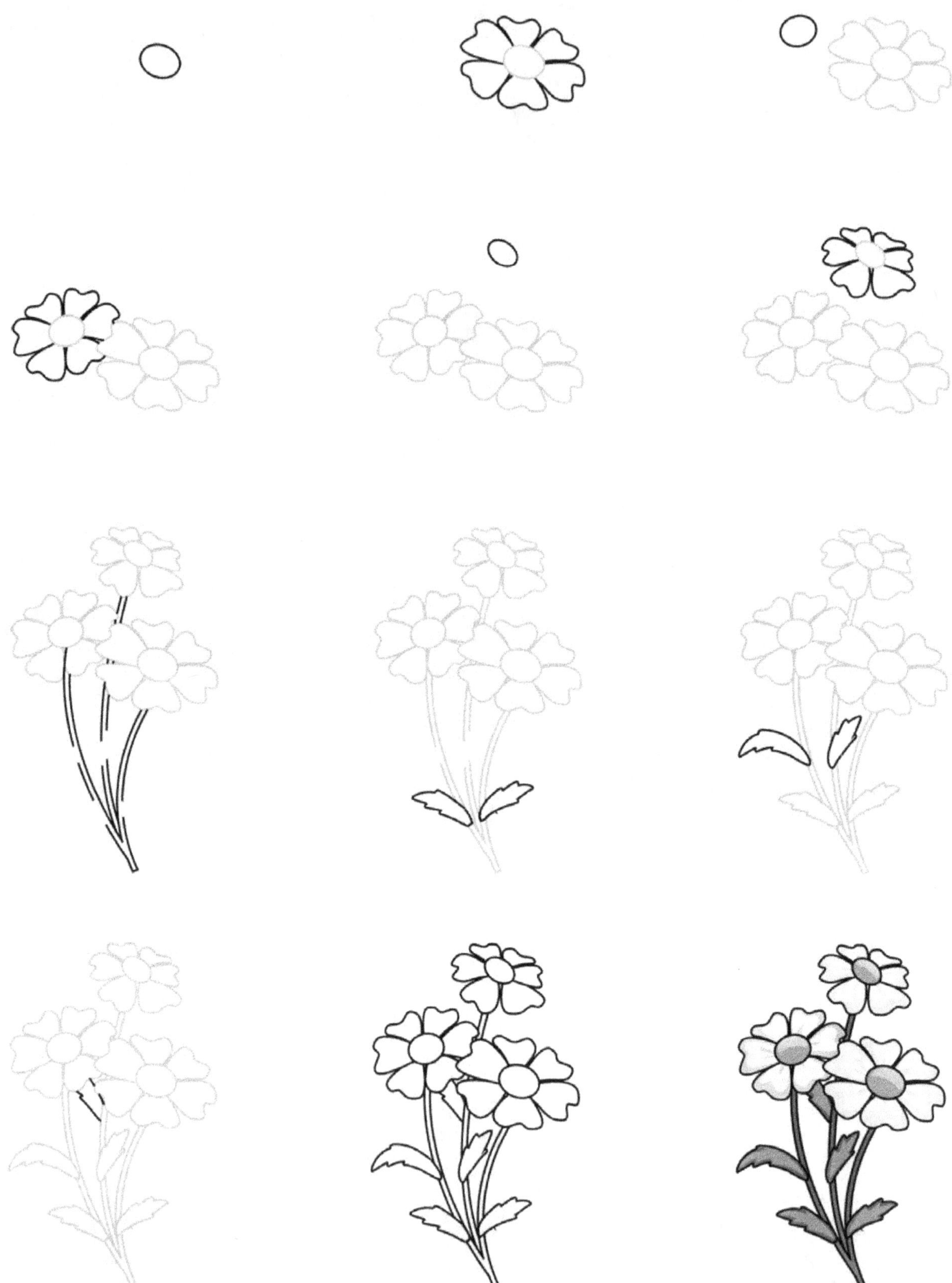

Zeichnen Lernen

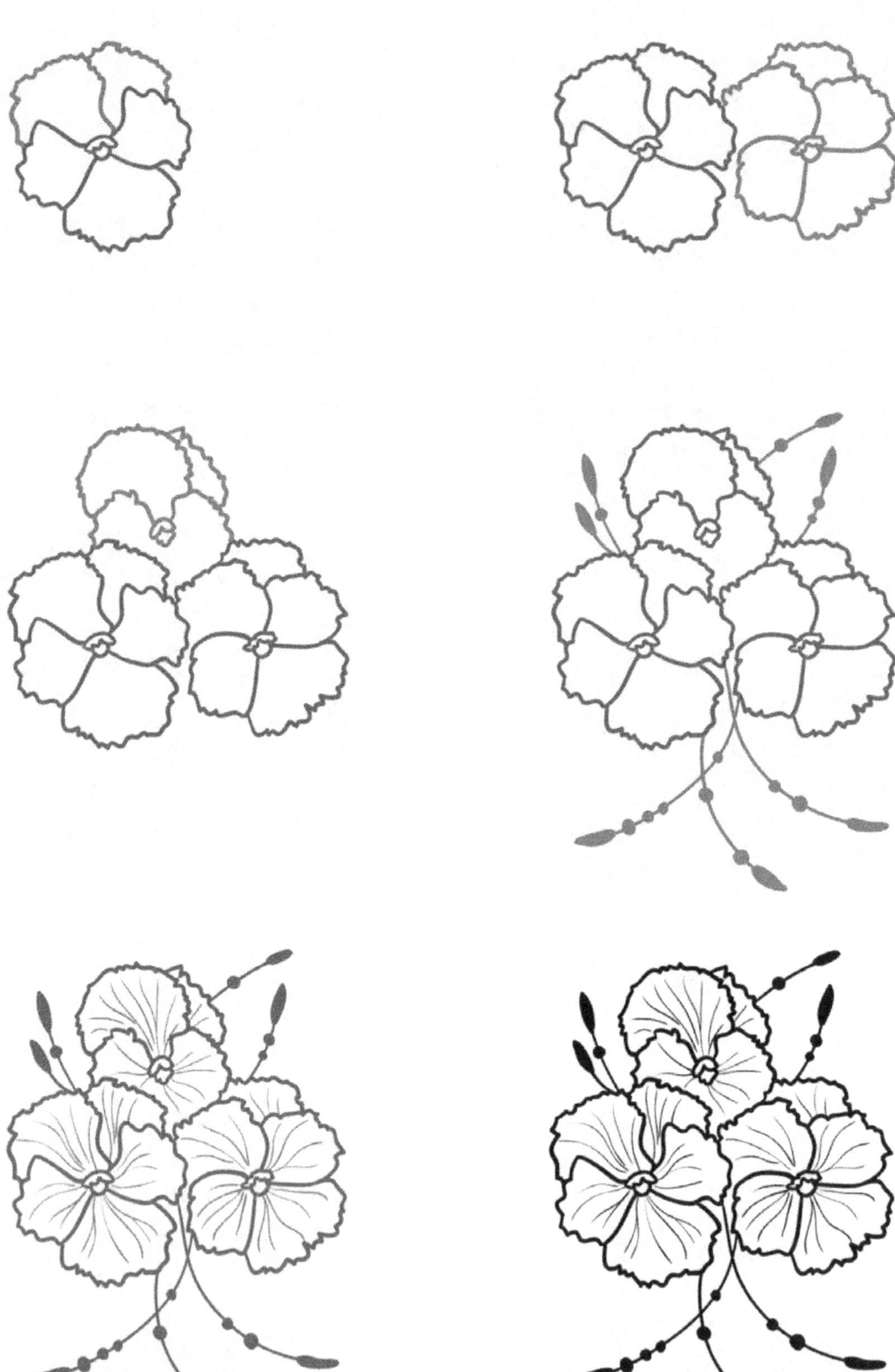

Jetzt Sind Sie Dran!

Zeichnen Lernen

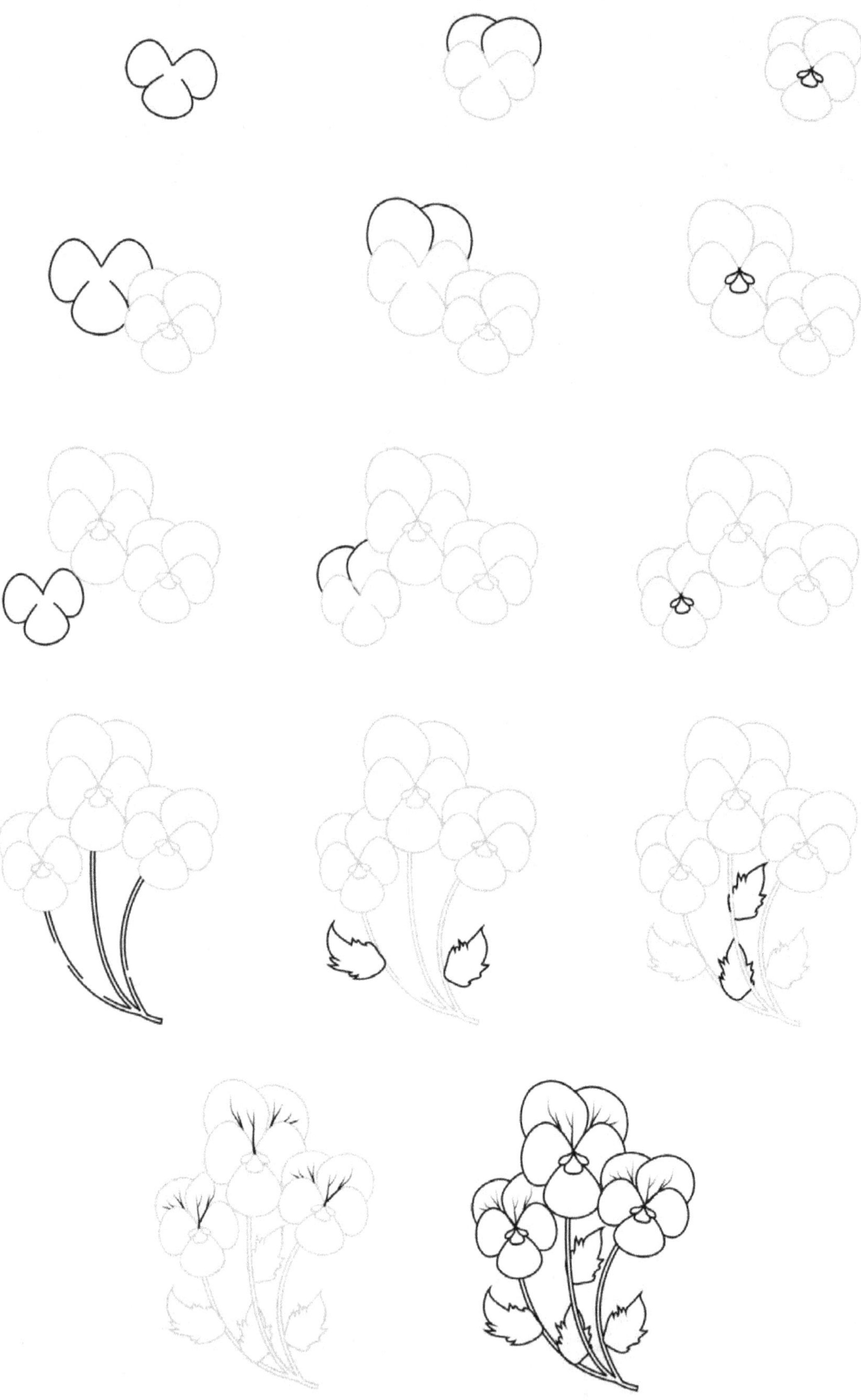

Jetzt Sind Sie Dran!

Zeichnen Lernen

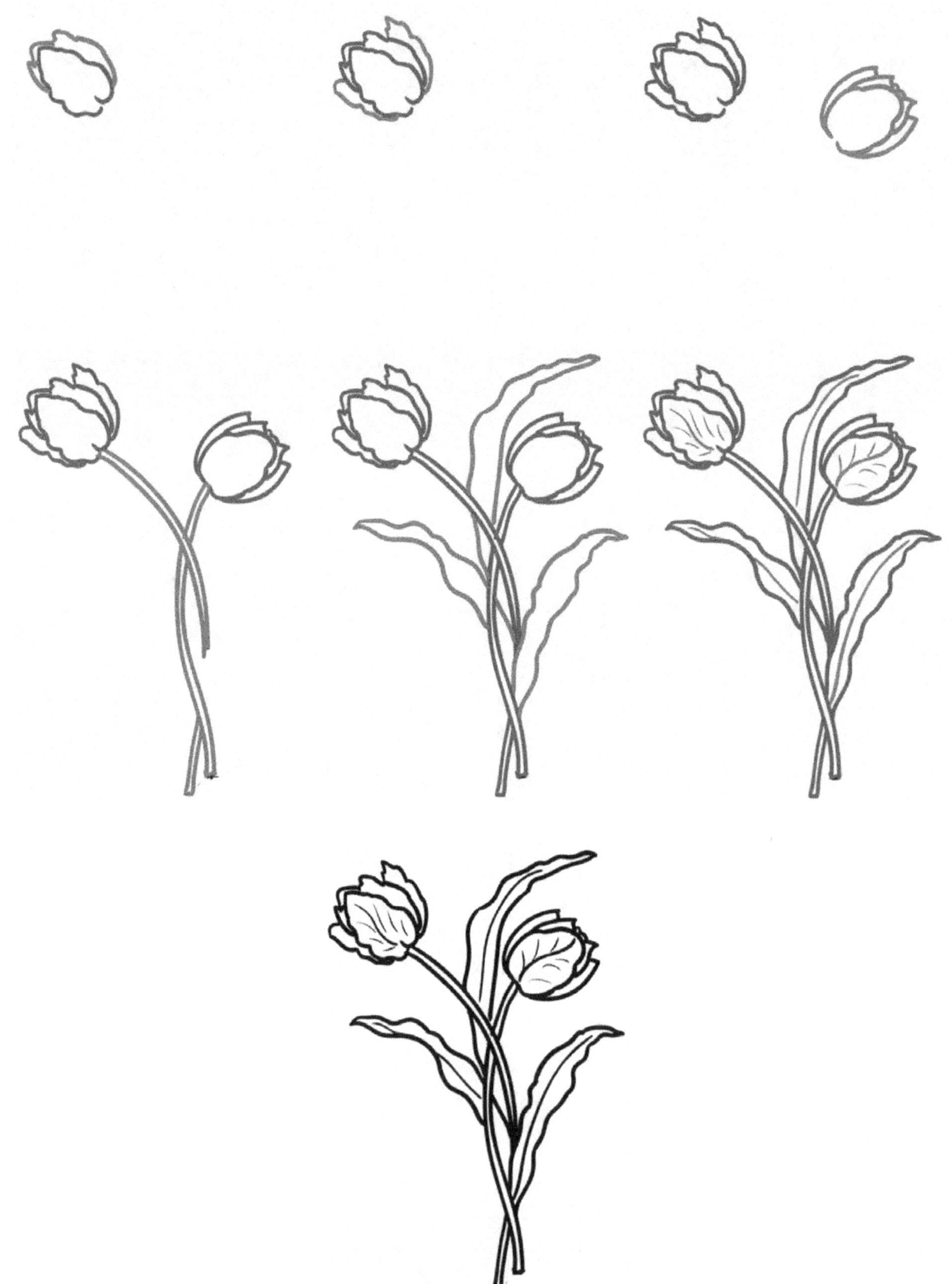

Jetzt Sind Sie Dran!

Zeichnen Lernen

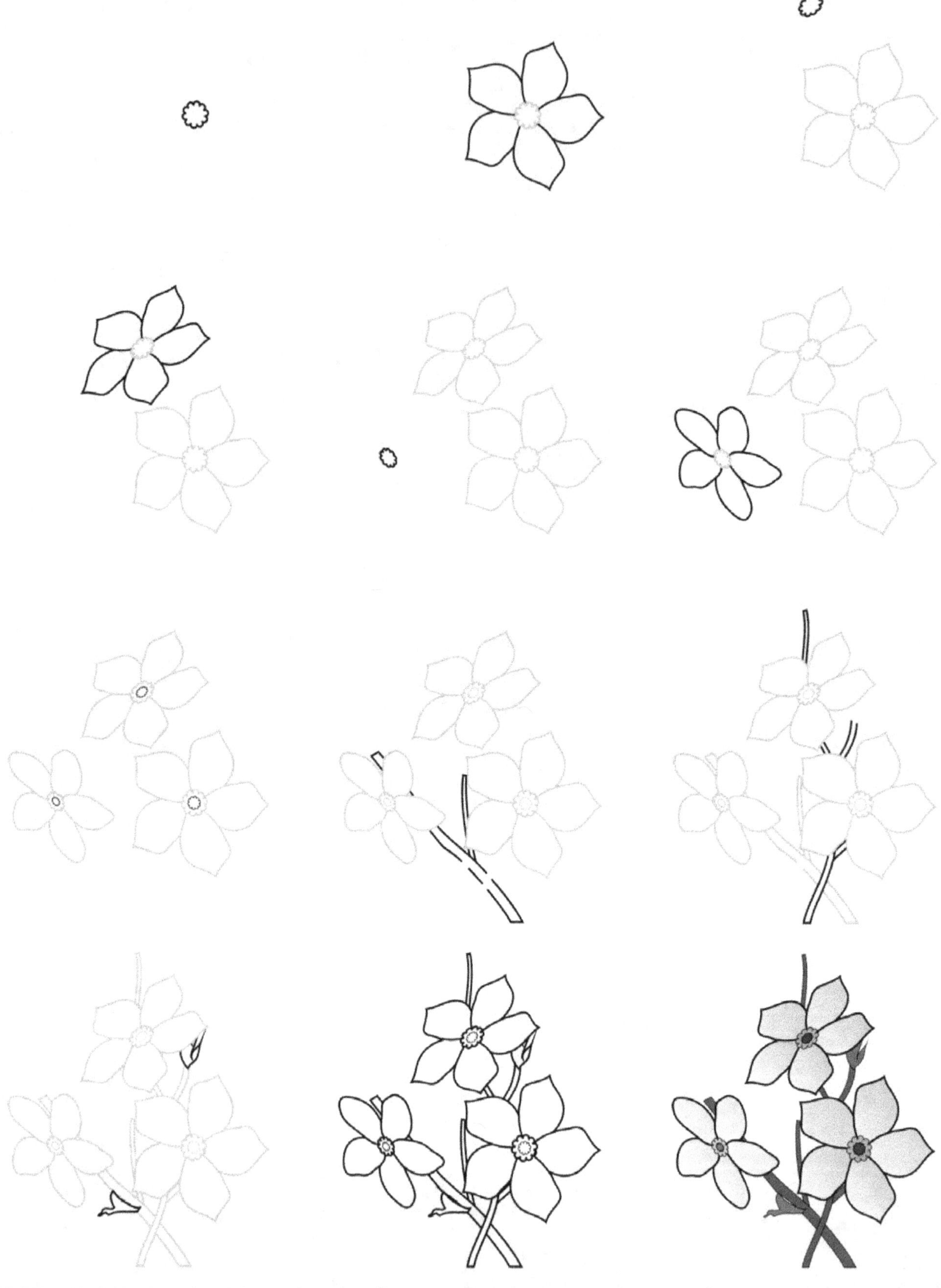

Jetzt Sind Sie Dran!

Zeichnen Lernen

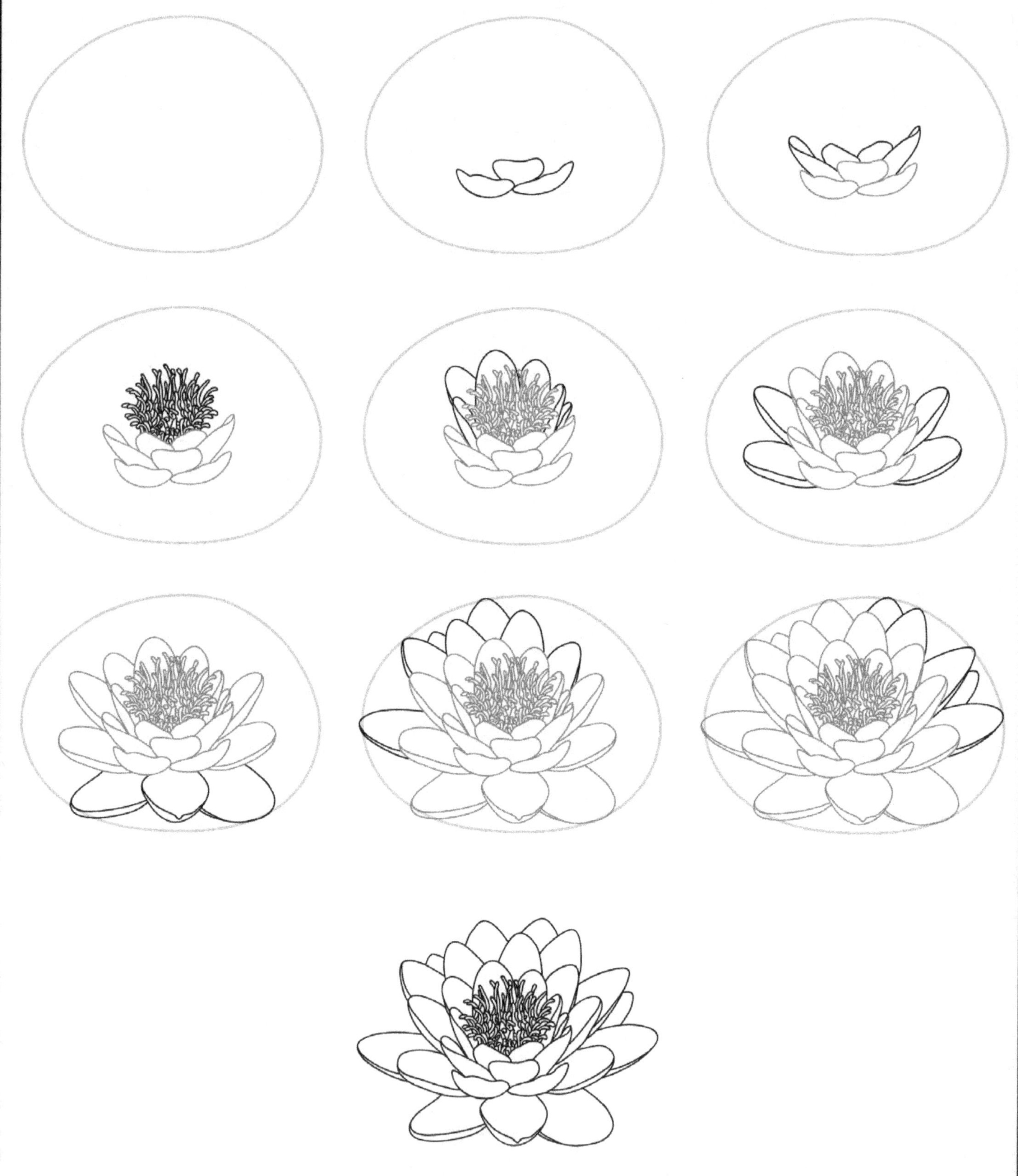

Jetzt Sind Sie Dran!

Zeichnen Lernen

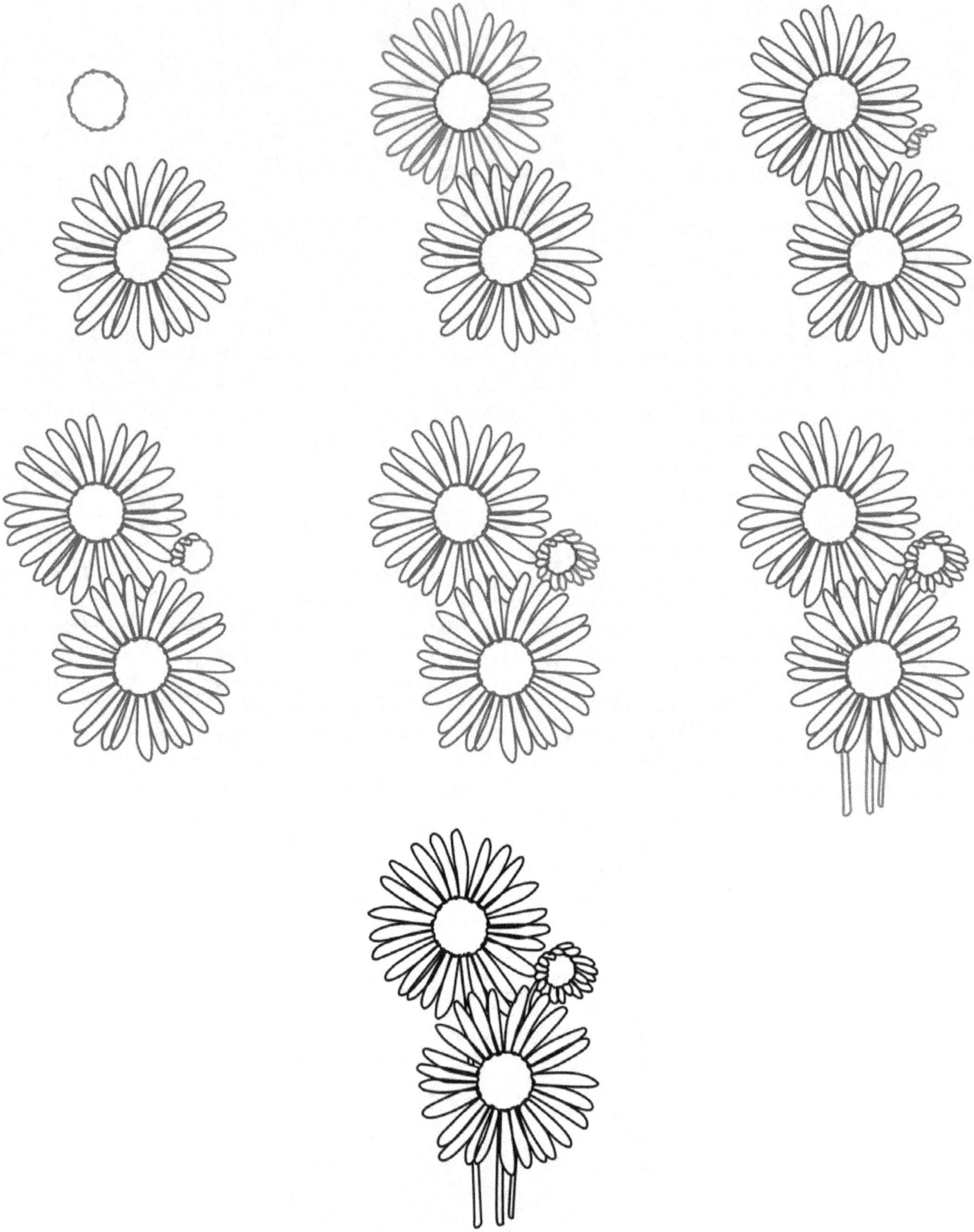

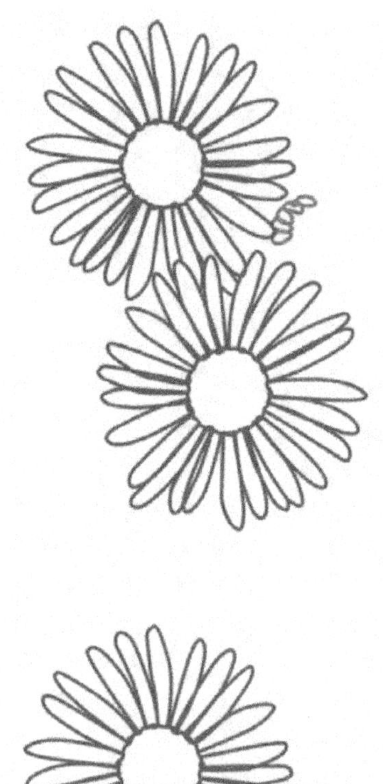

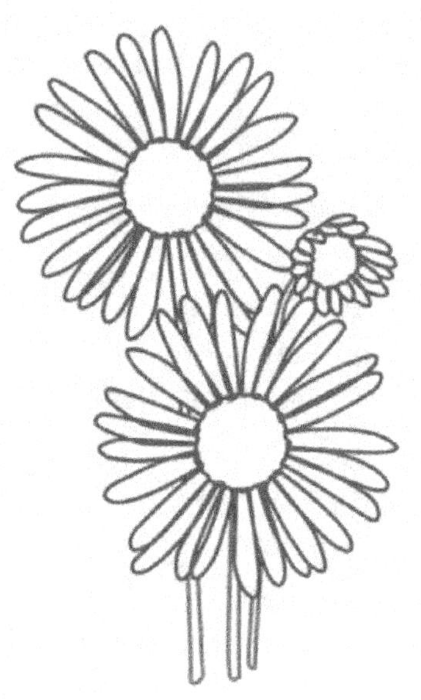

Jetzt Sind Sie Dran!

Zeichnen Lernen

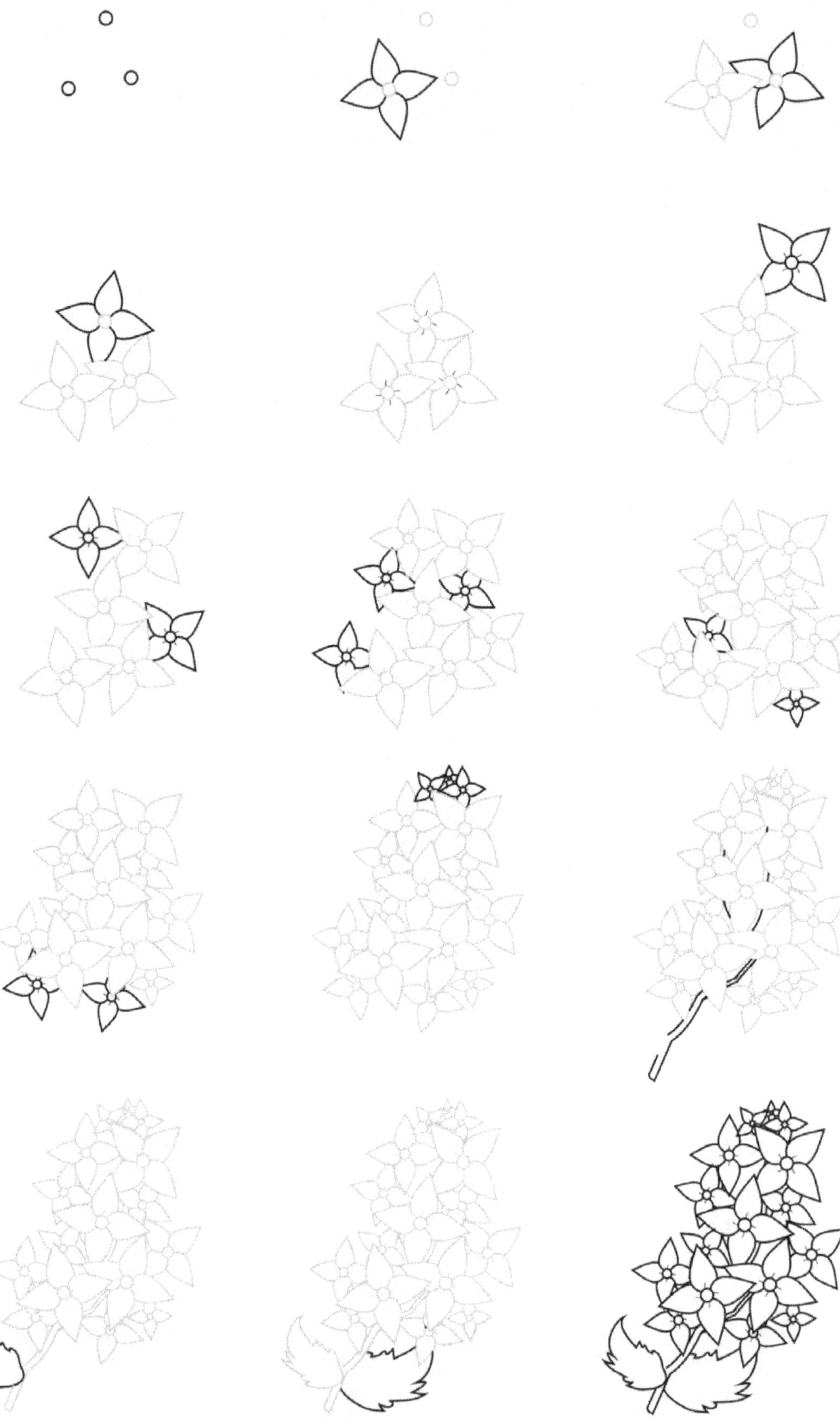

Jelzl Sind Sie Dran!

Zeichnen Lernen

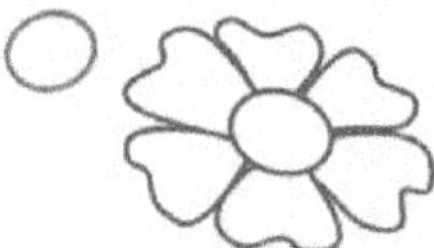

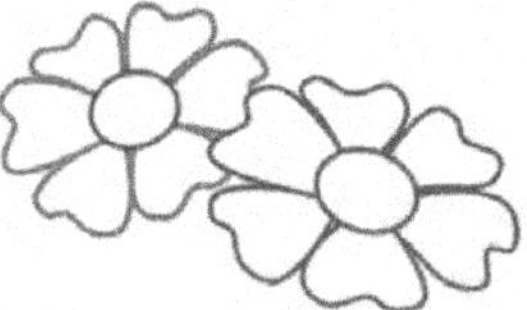

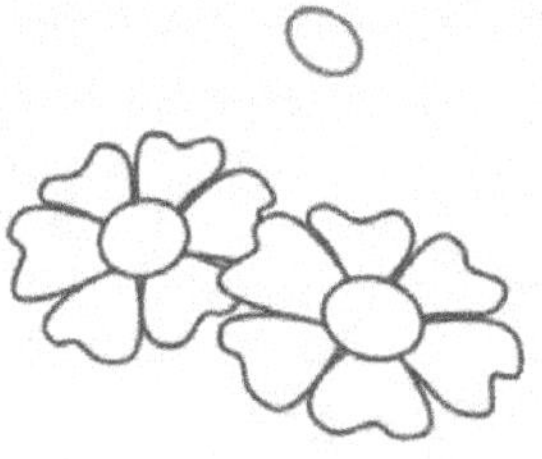

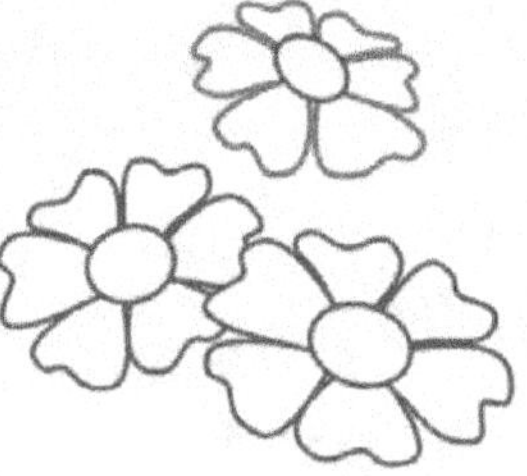

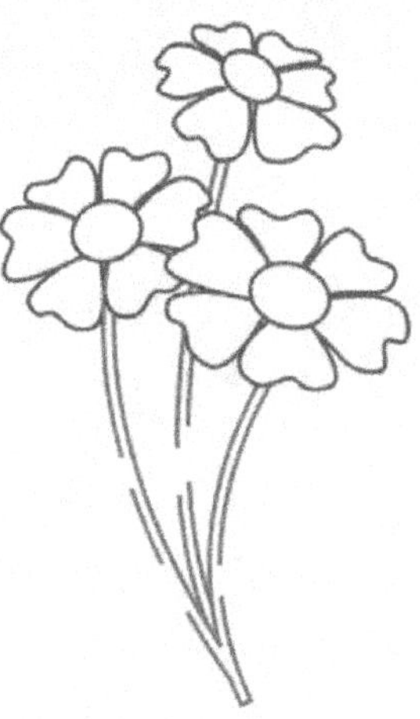

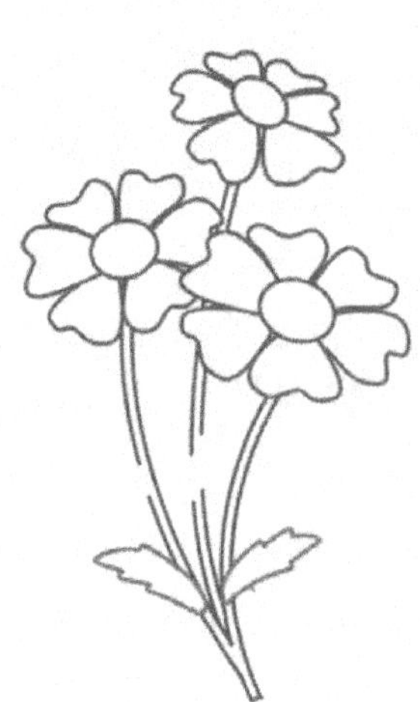

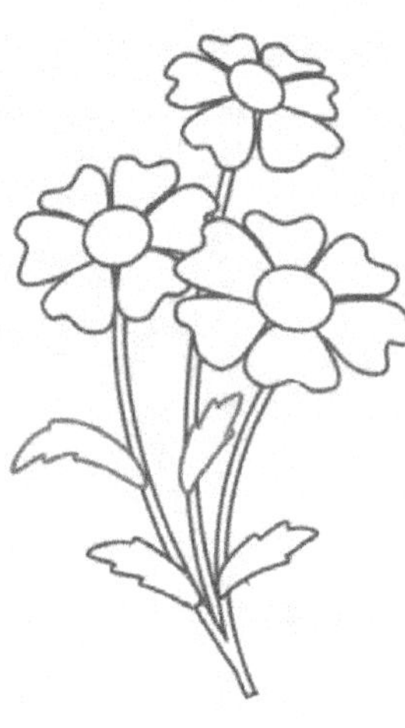

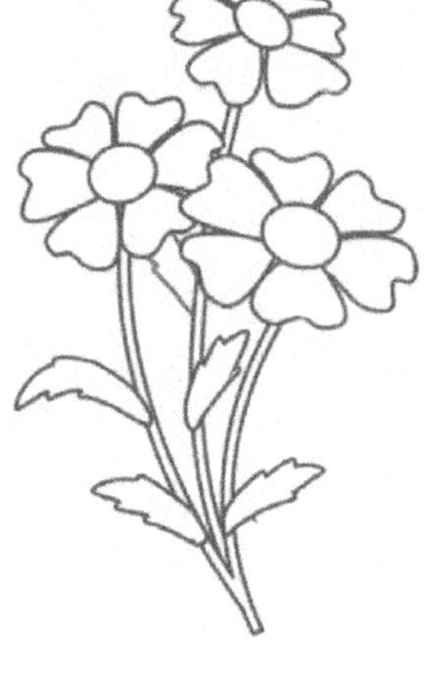

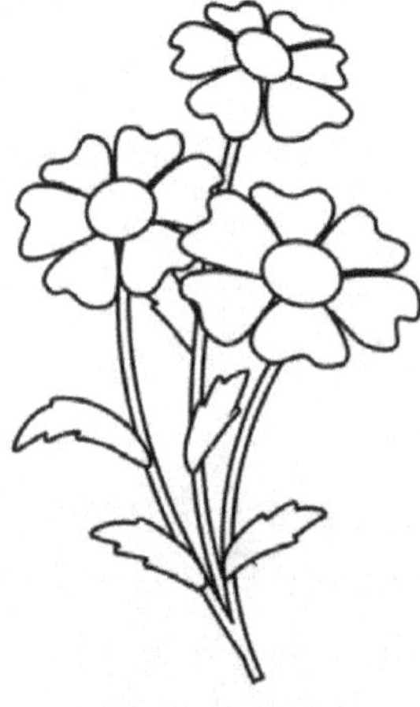

Jetzt Sind Sie Dran!

Zeichnen Lernen

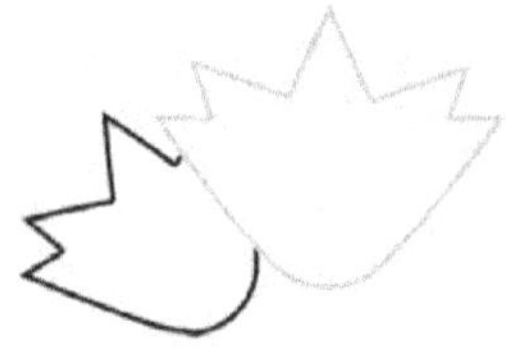
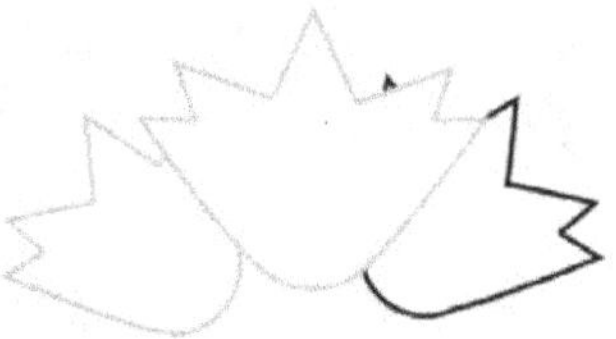
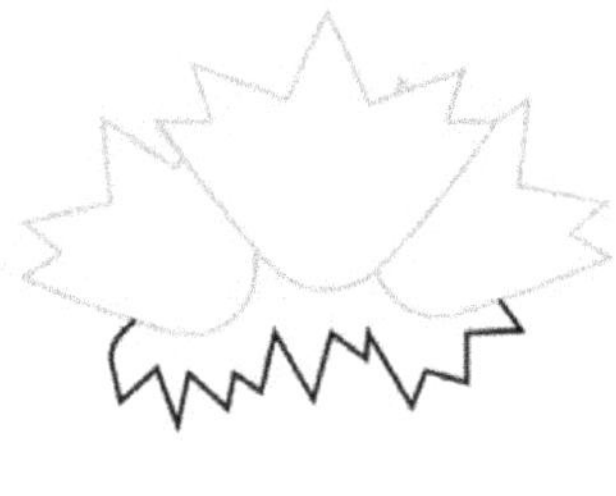
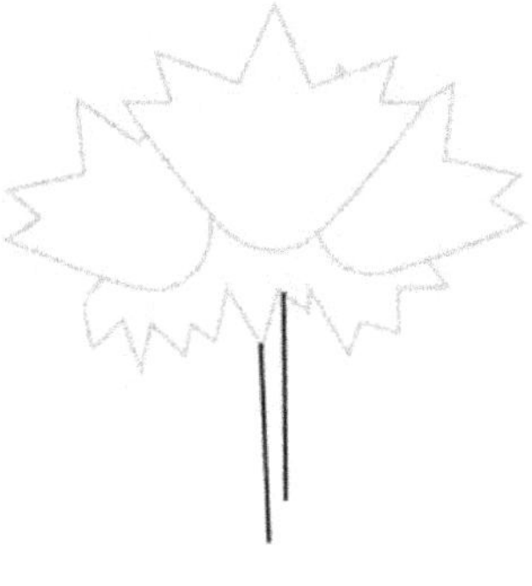
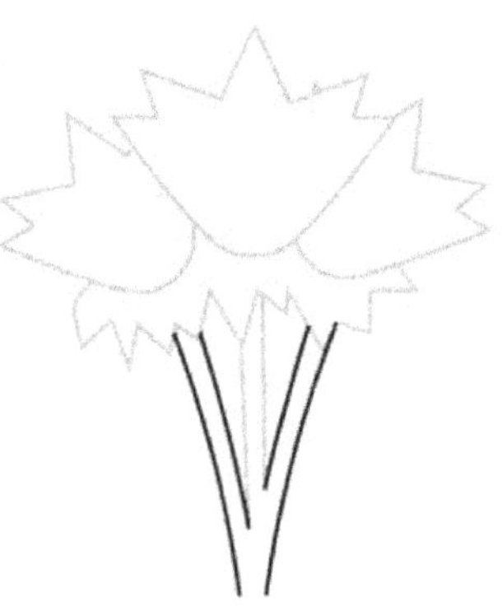
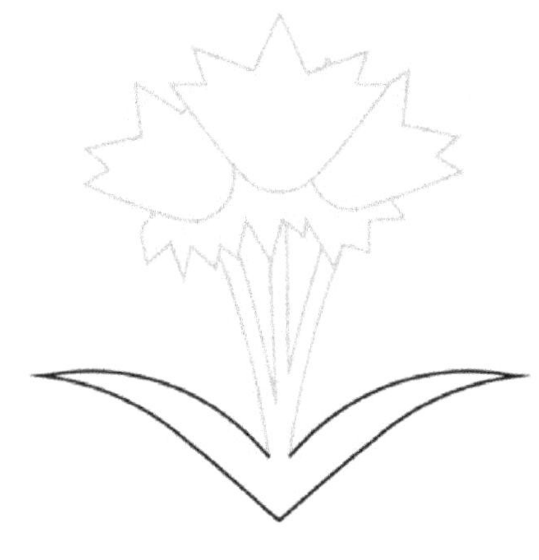
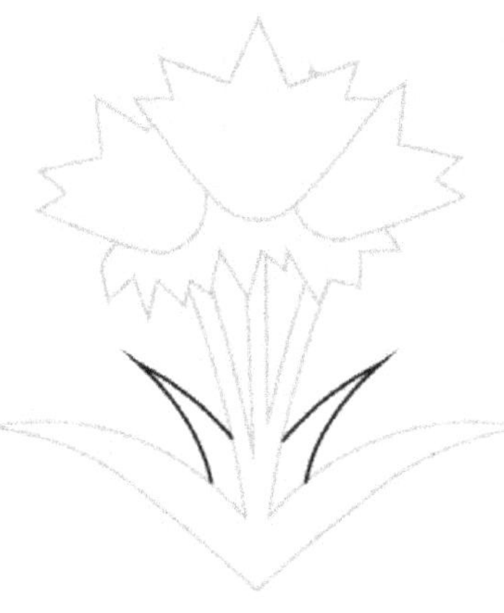

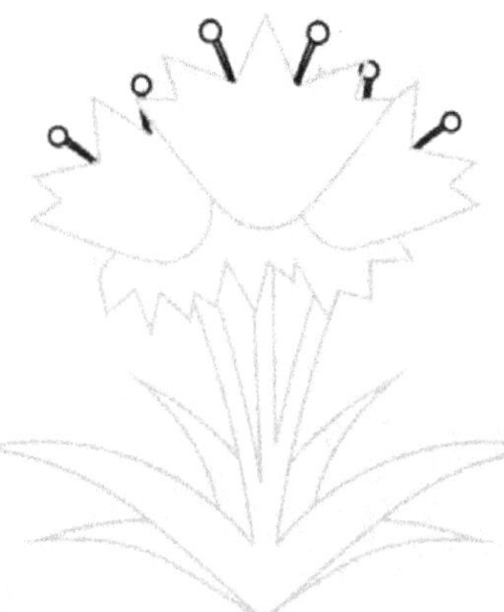
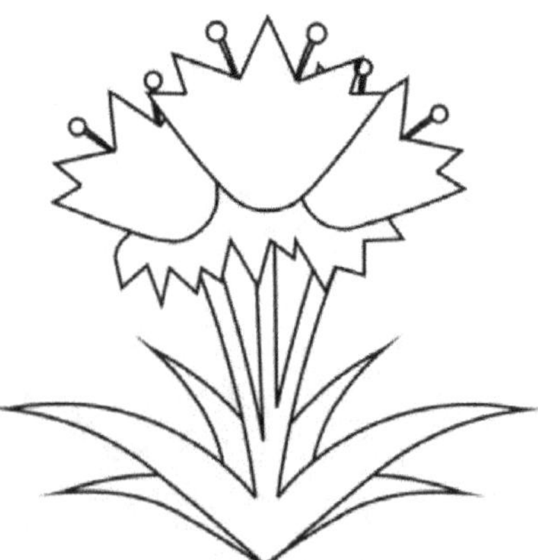

Jetzt Sind Sie Dran!

Zeichnen Lernen

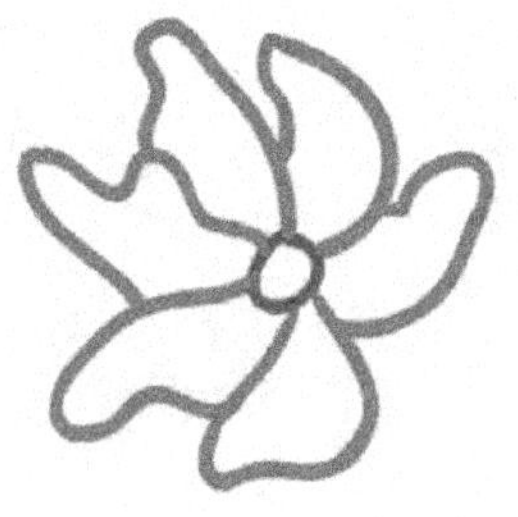
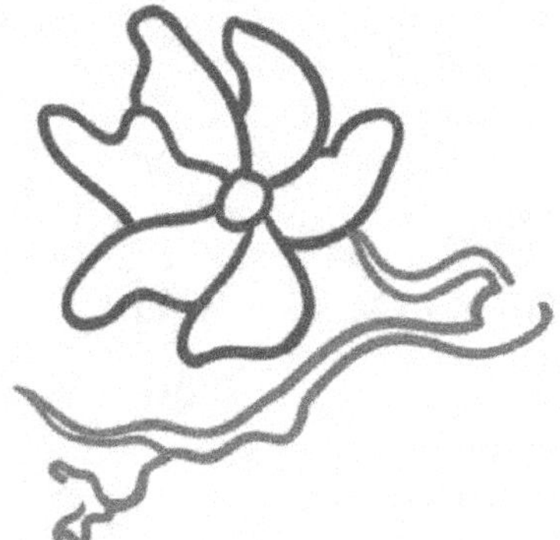
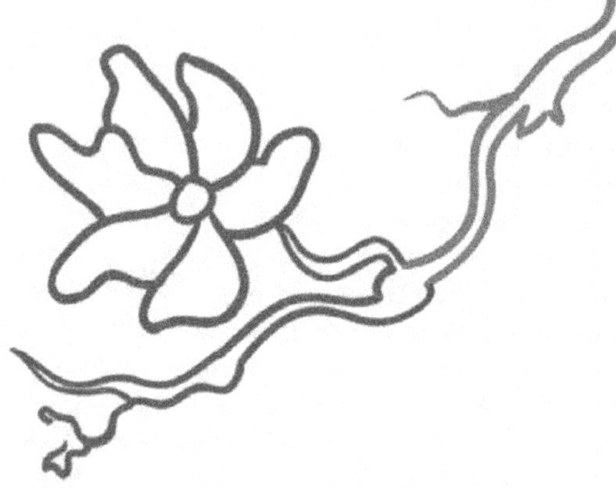
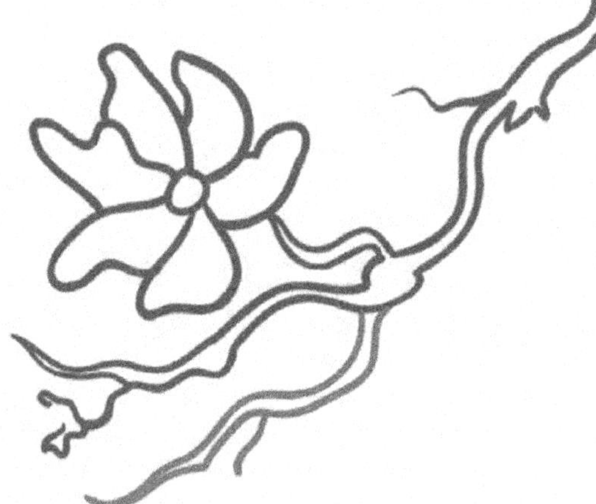
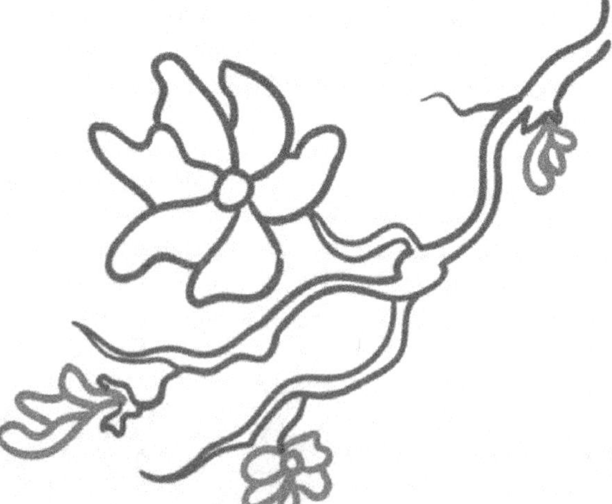
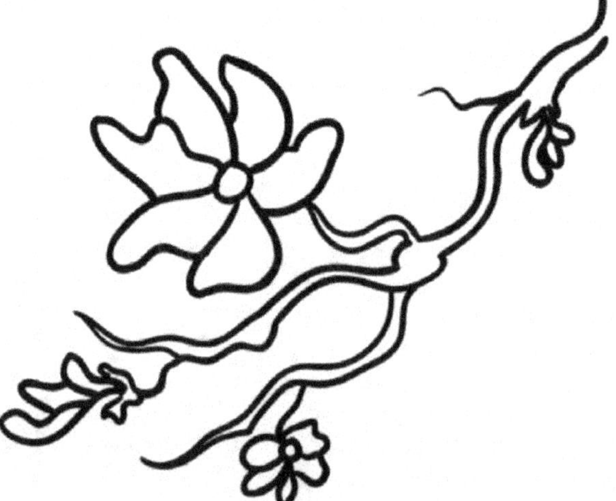

Jetzt Sind Sie Dran!

Zeichnen Lernen

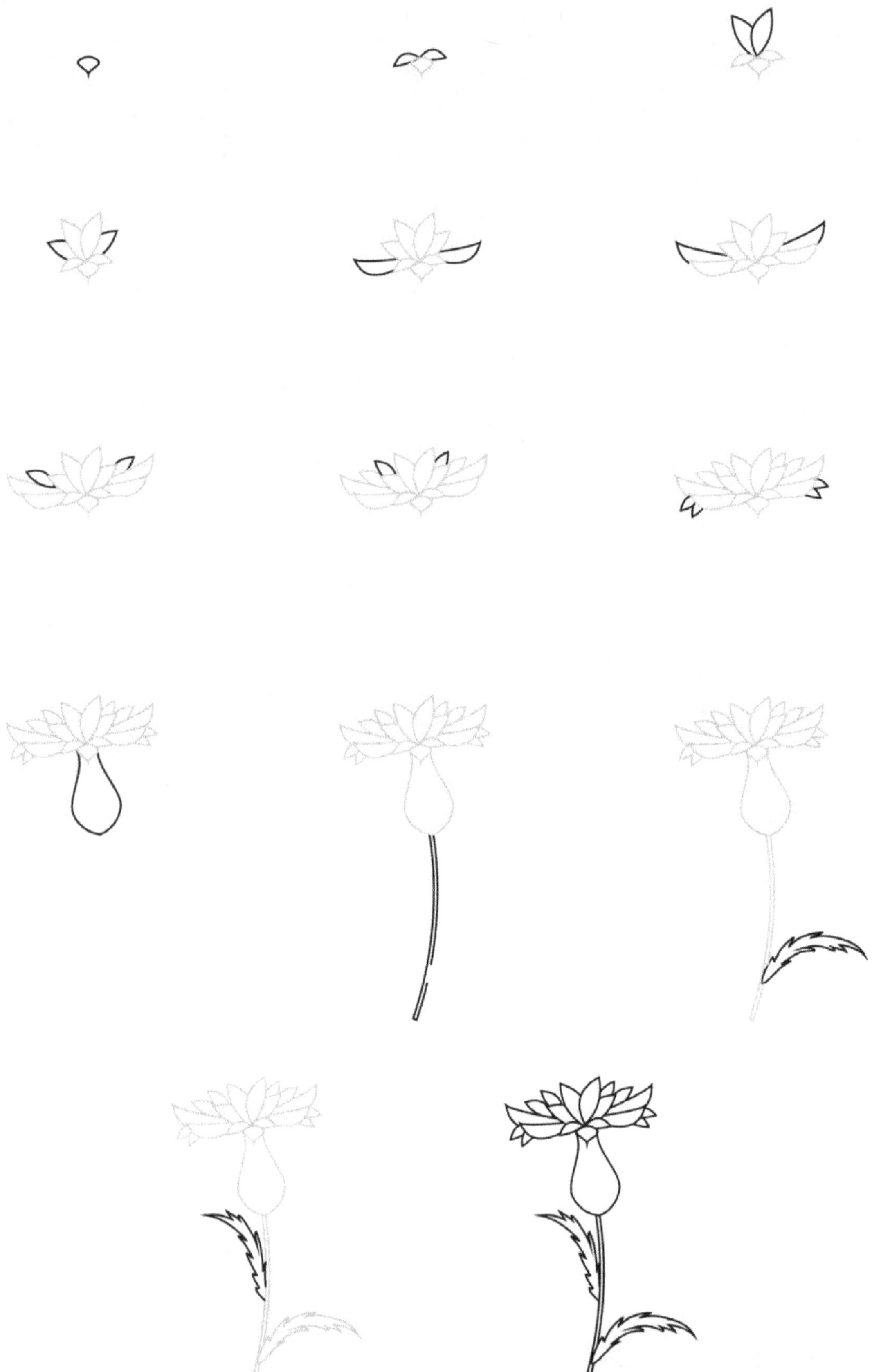

Jetzt Sind Sie Dran!

Zeichnen Lernen

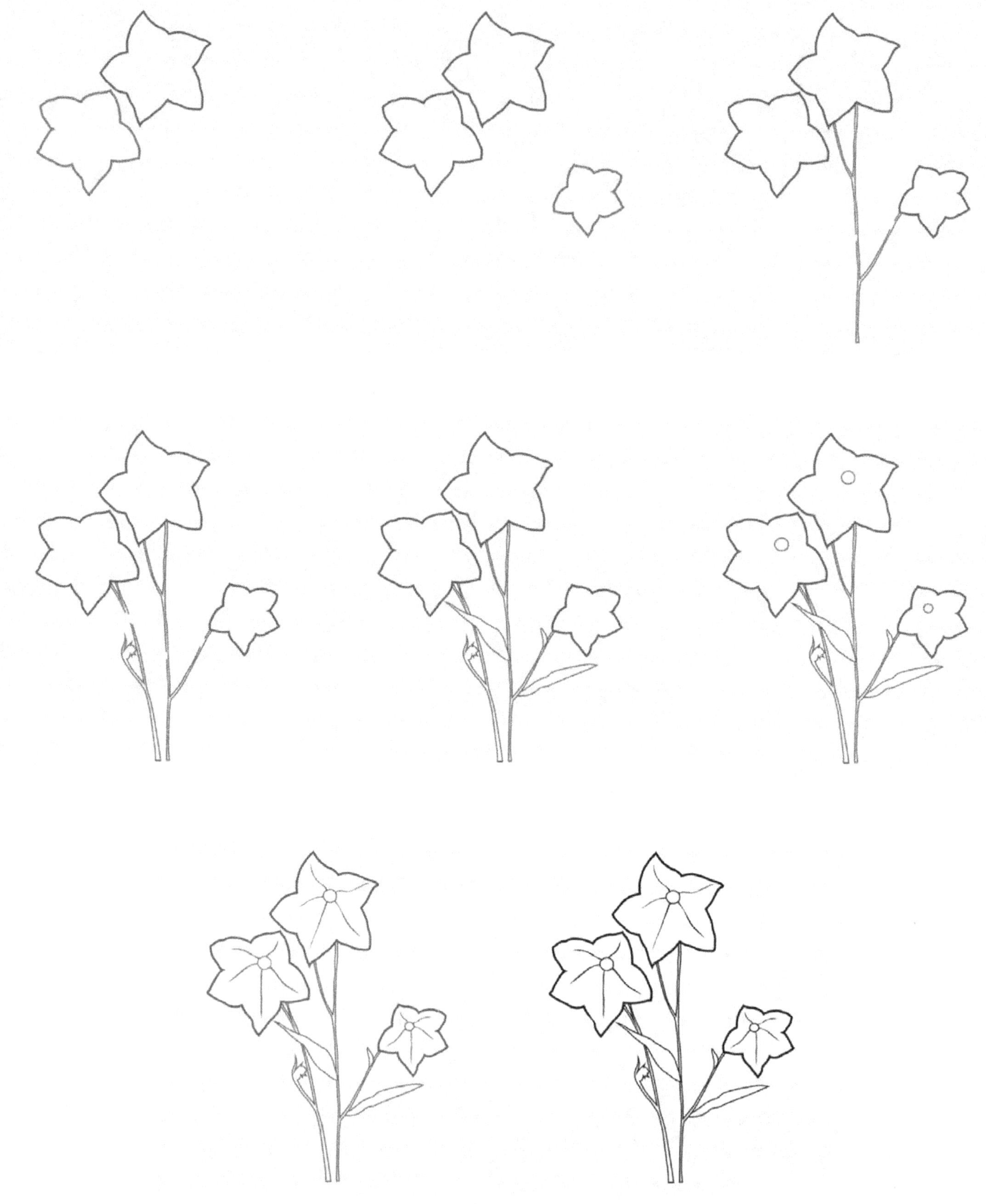

Zeichnen Lernen

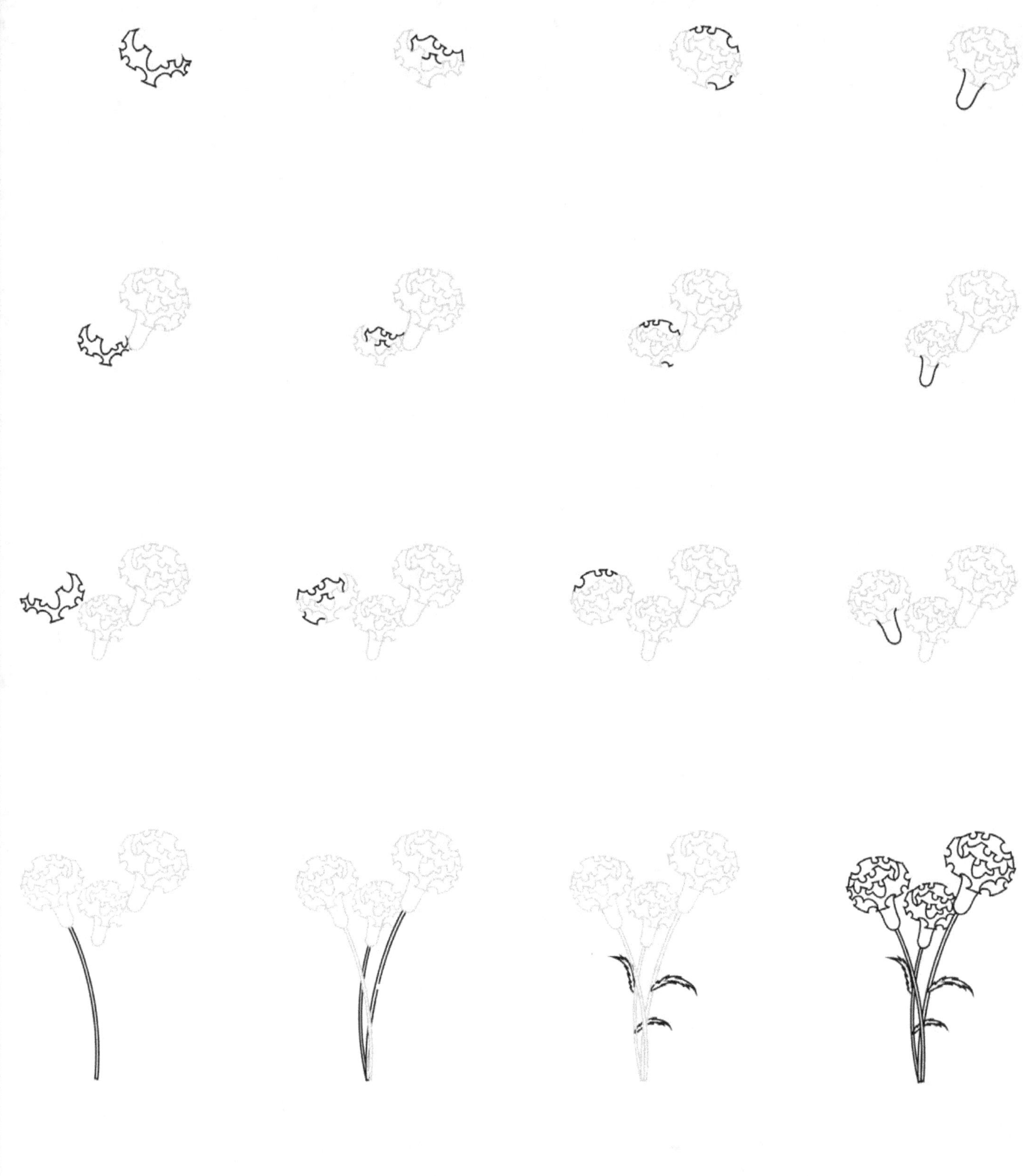

Jetzt Sind Sie Dran!

Zeichnen Lernen

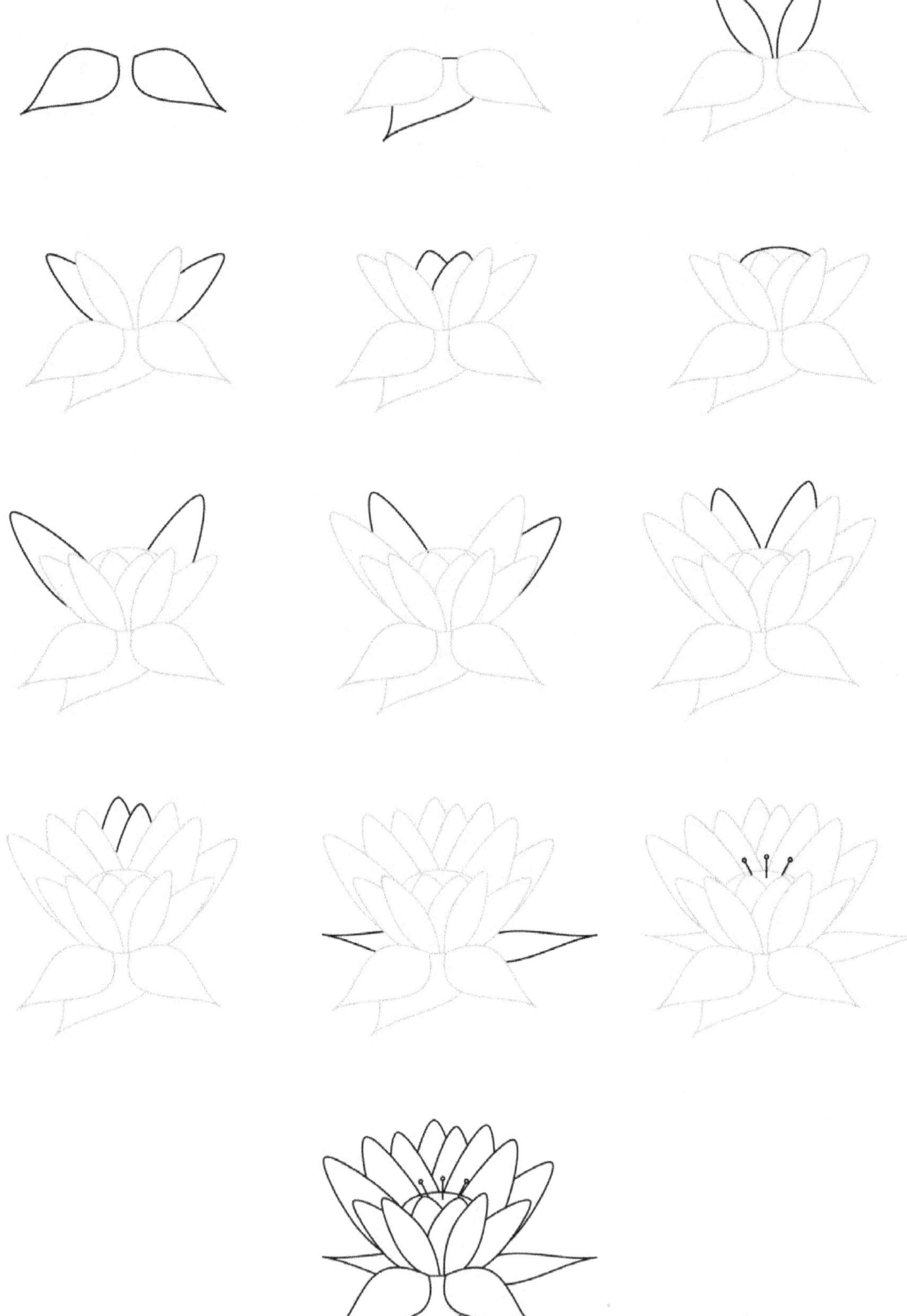

Jelzl Sind Sie Dran!

Zeichnen Lernen

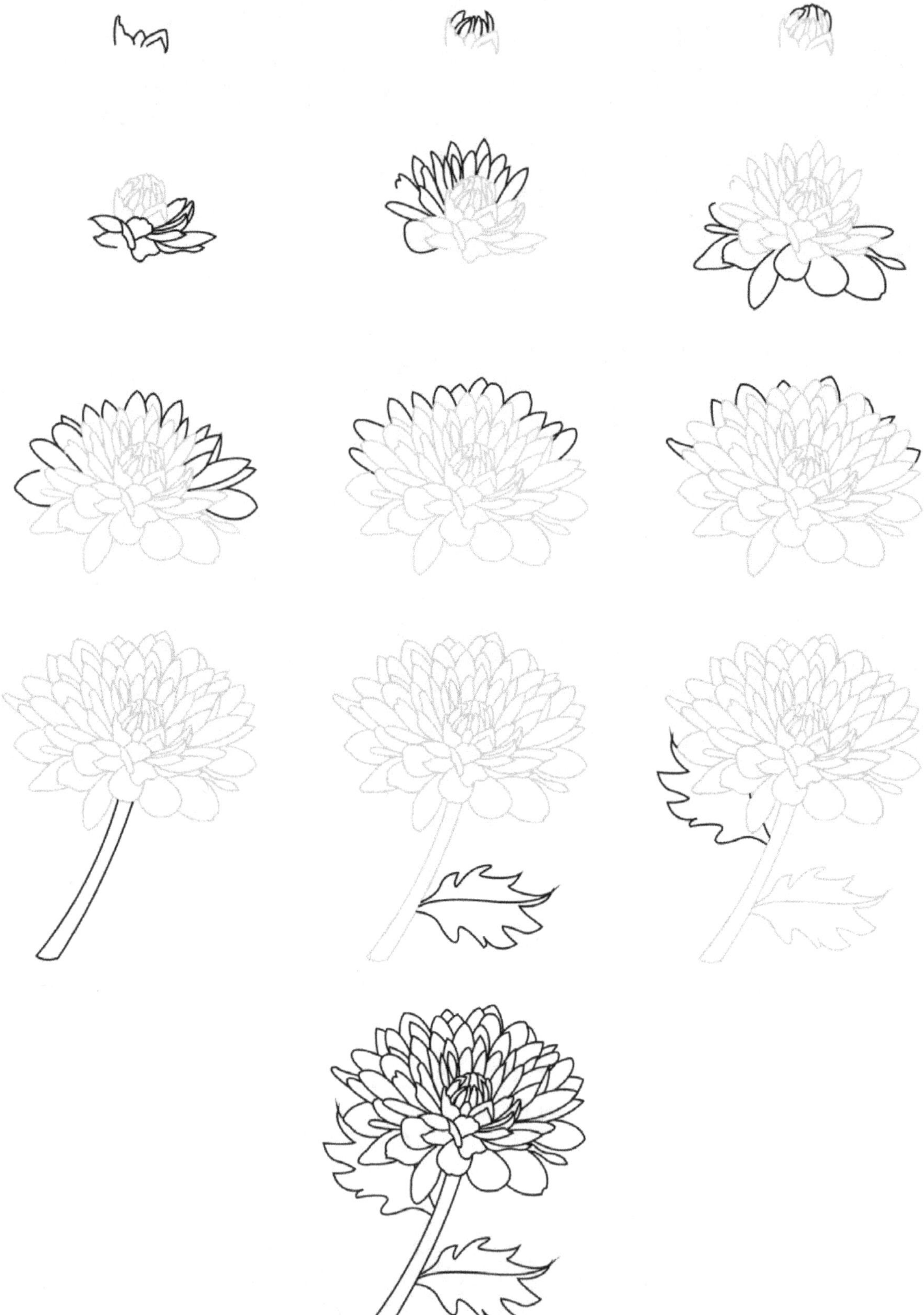

Jetzt Sind Sie Dran!

Zeichnen Lernen

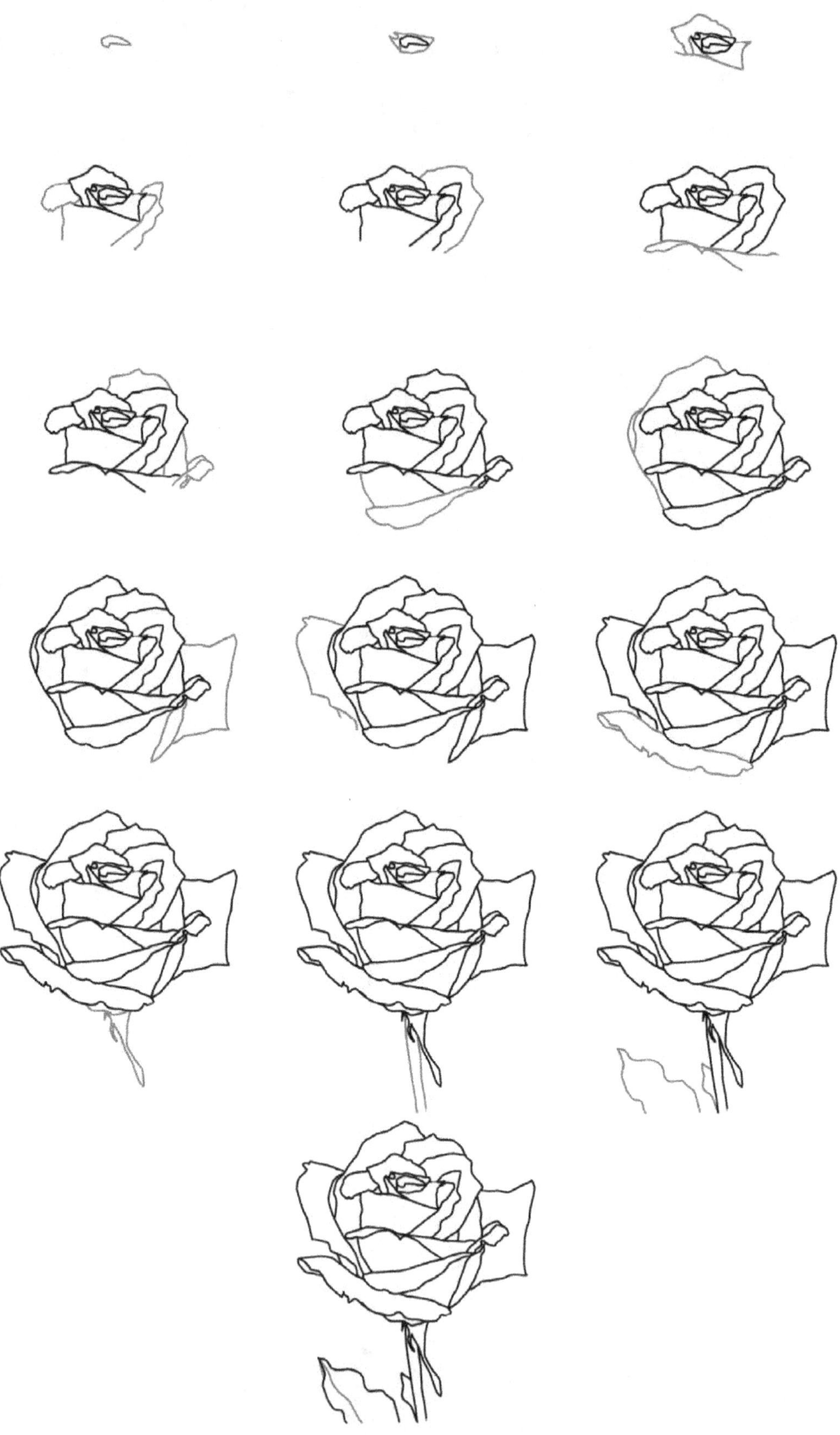

Jelzl Sind Sie Dran!

Zeichnen Lernen

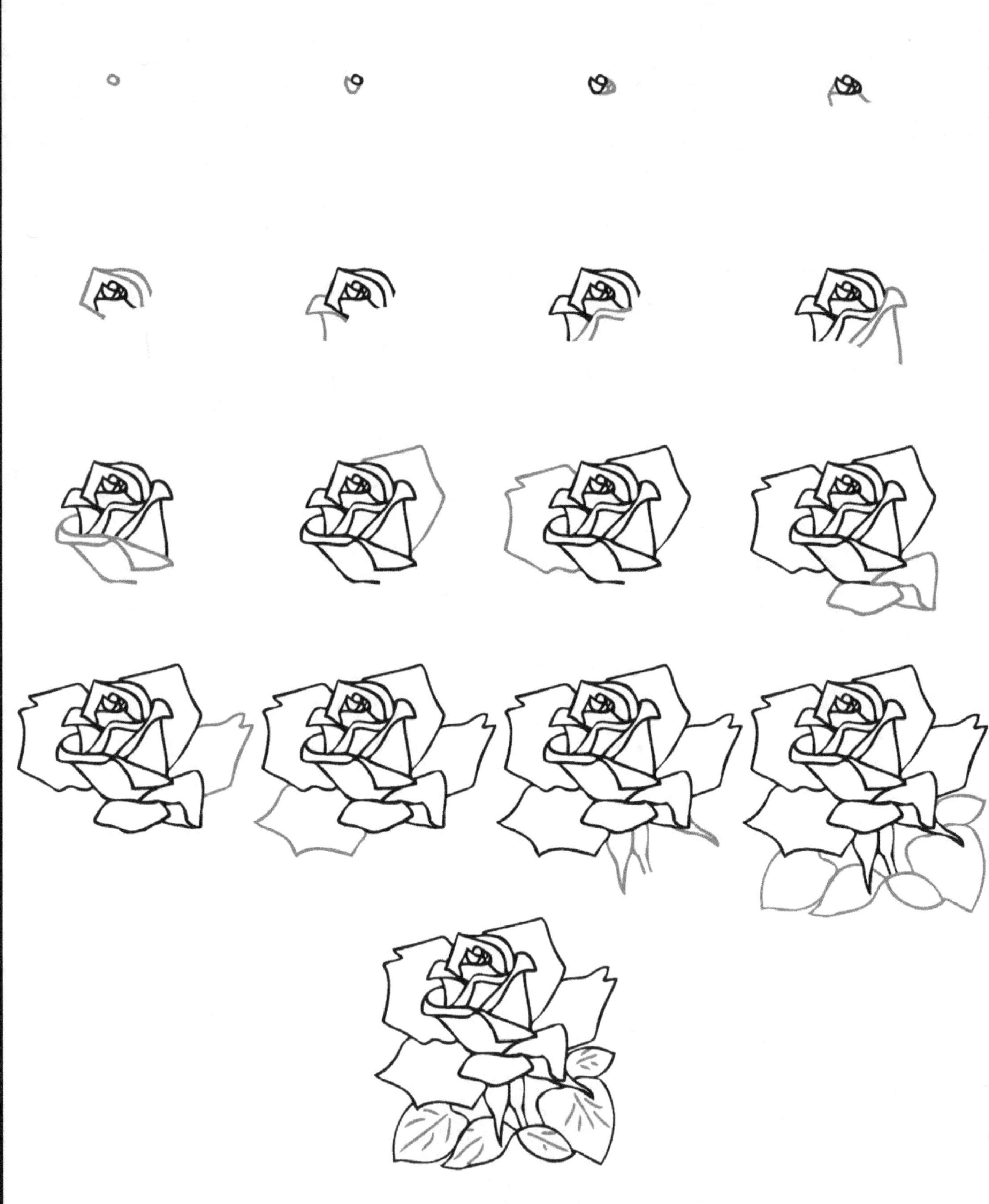

Jetzt Sind Sie Dran!

Zeichnen Lernen

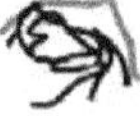
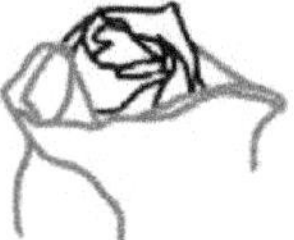
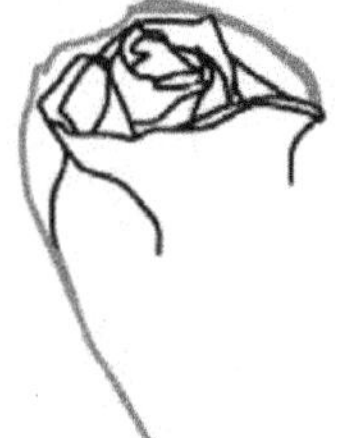
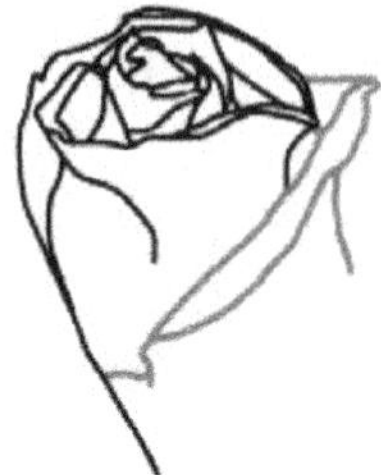
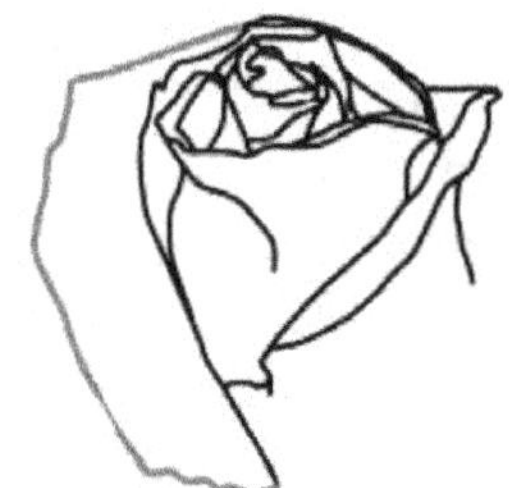
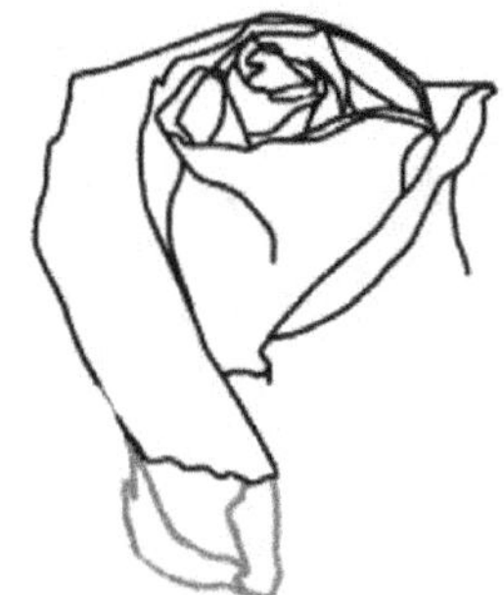
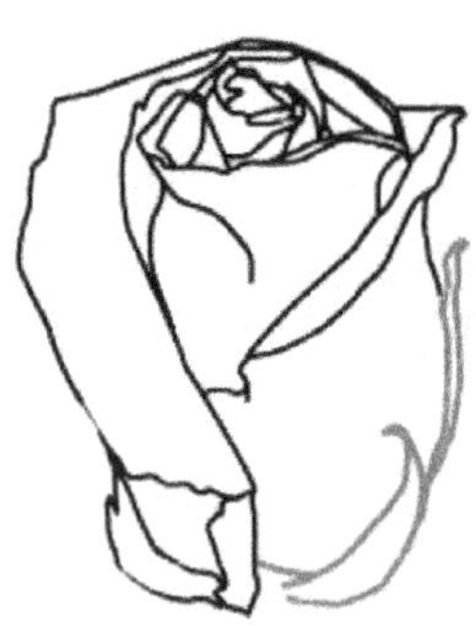
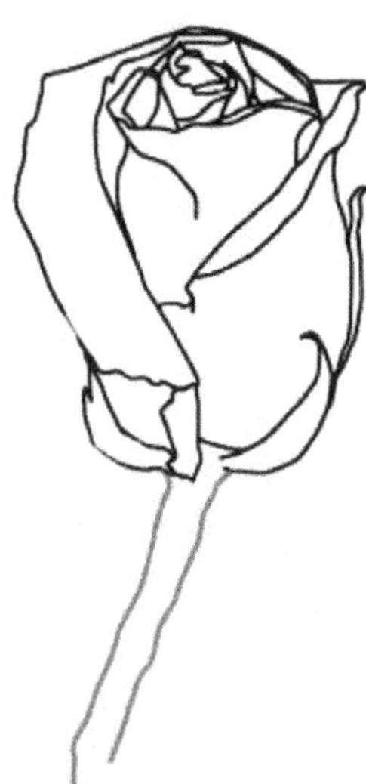
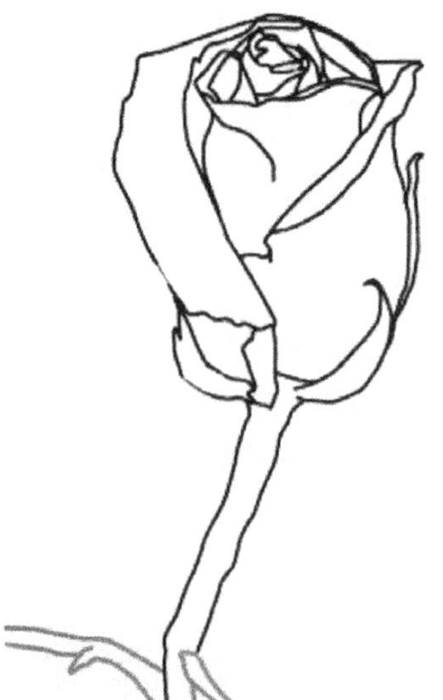

Jelzl Sind Sie Dran!

Zeichnen Lernen

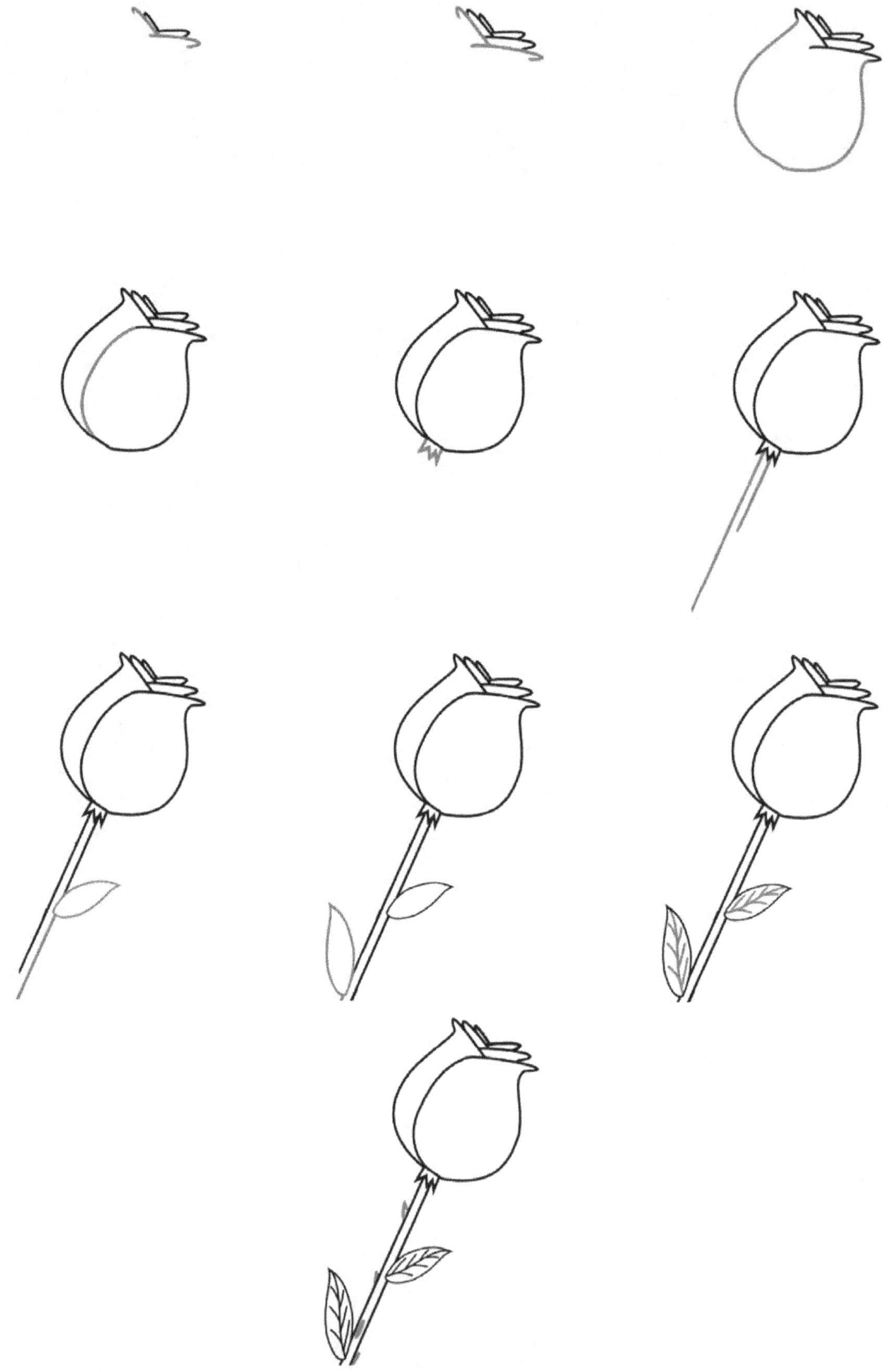

Jetzt Sind Sie Dran!

Zeichnen Lernen

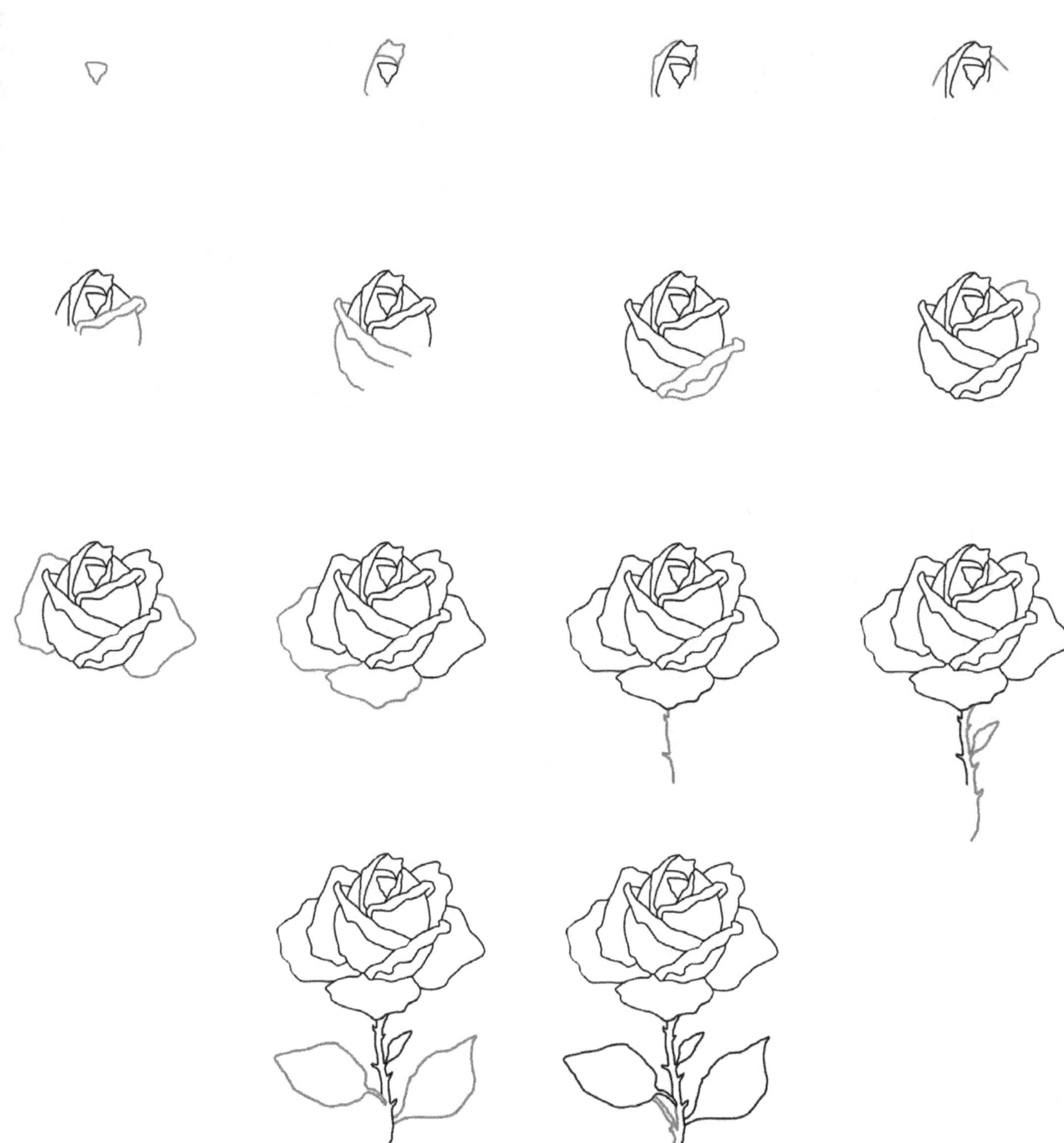

Jetzt Sind Sie Dran!

Zeichnen Lernen

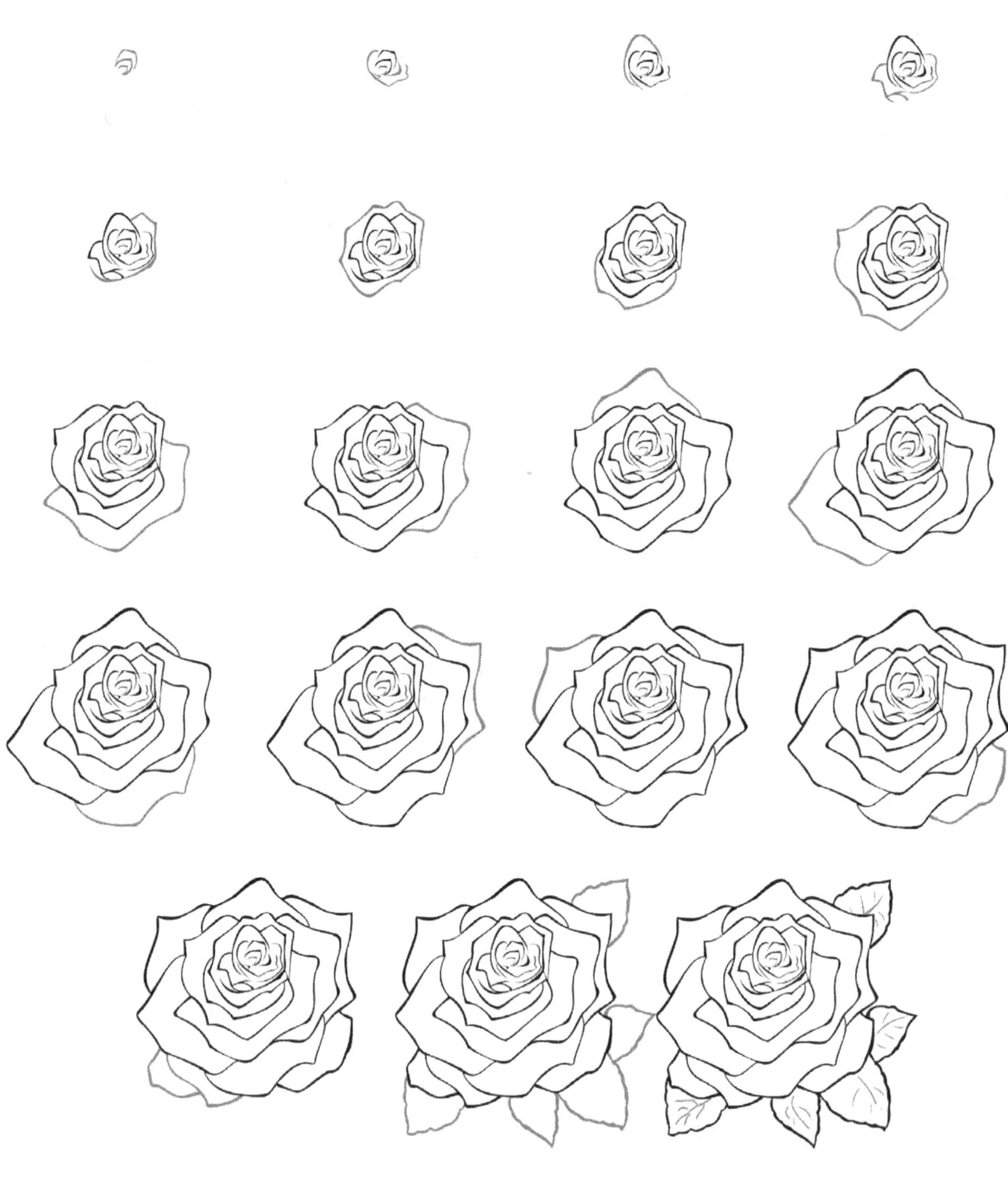

Jelzl Sind Sie Dran!

Zeichnen Lernen

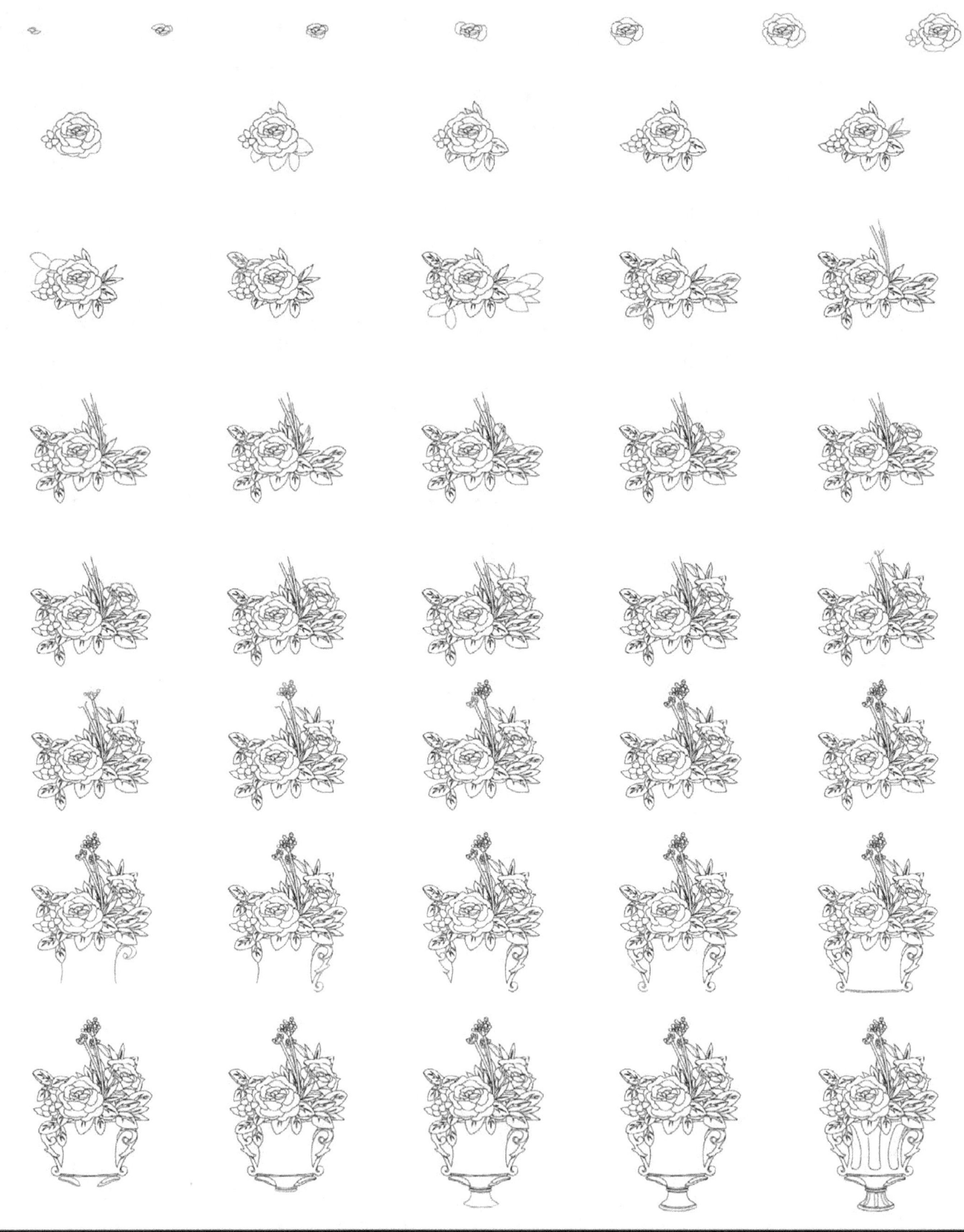

Zeichnen Lernen

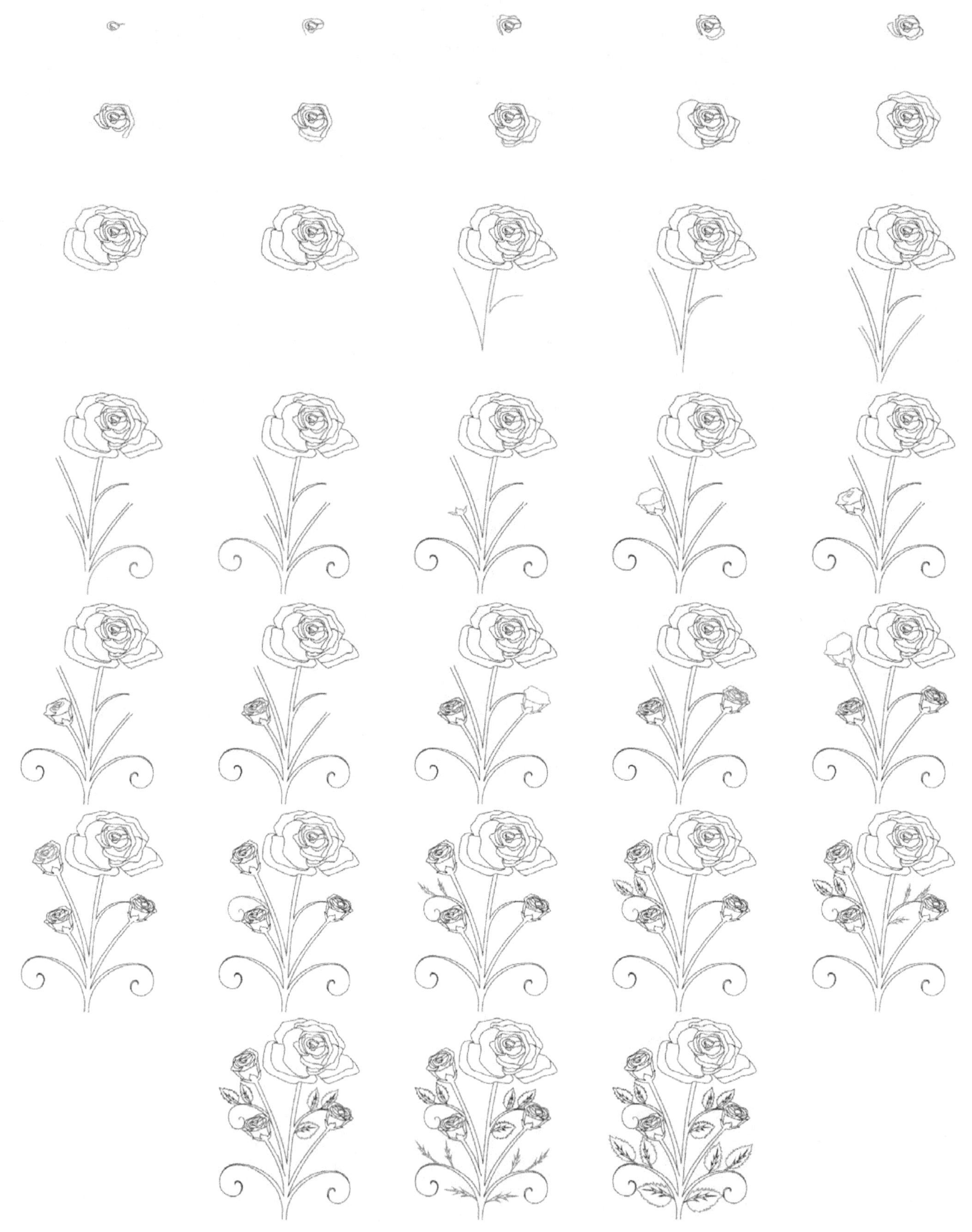

Jetzt Sind Sie Dran!

Zeichnen Lernen

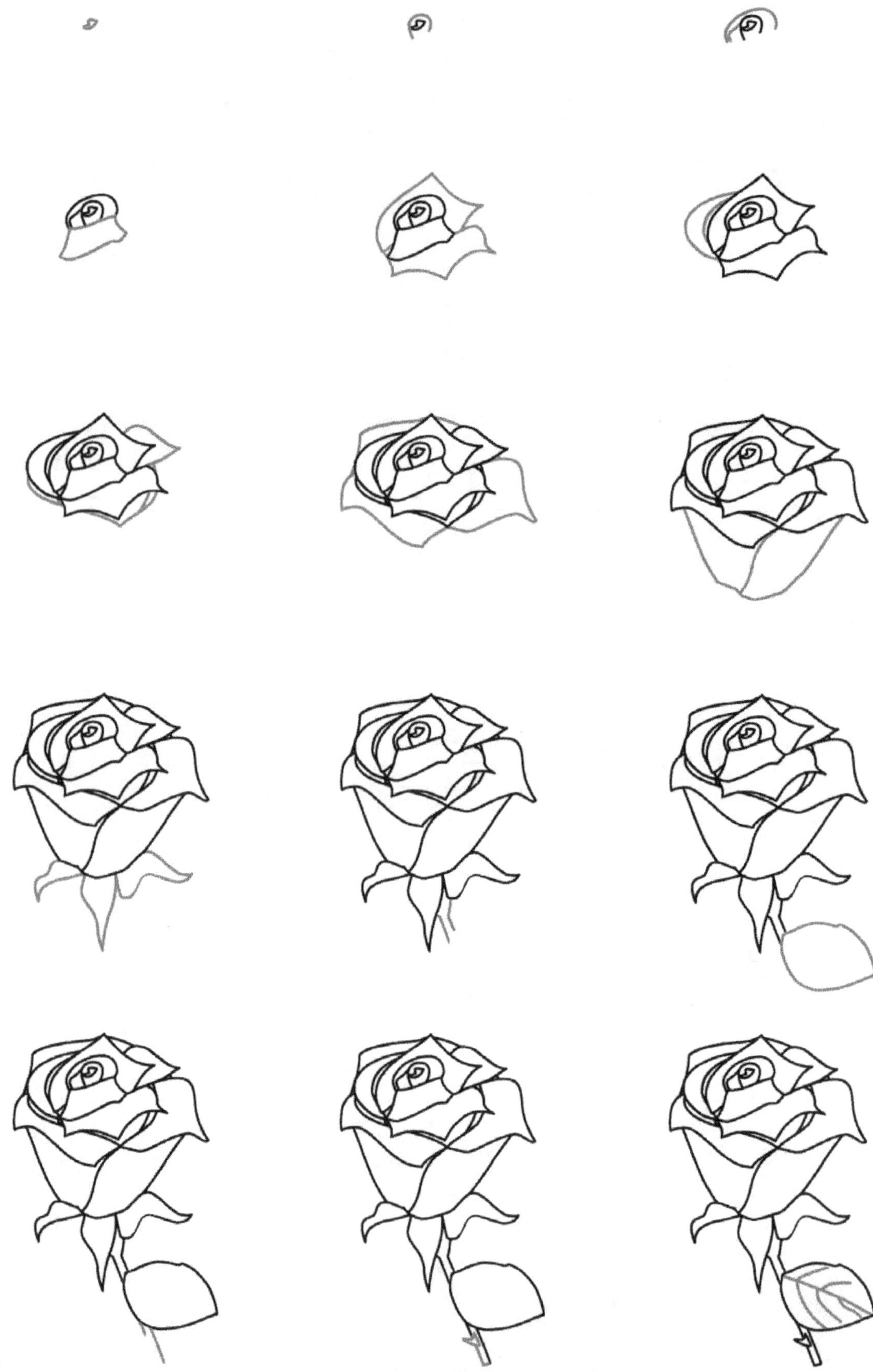

Jelzl Sind Sie Dran!

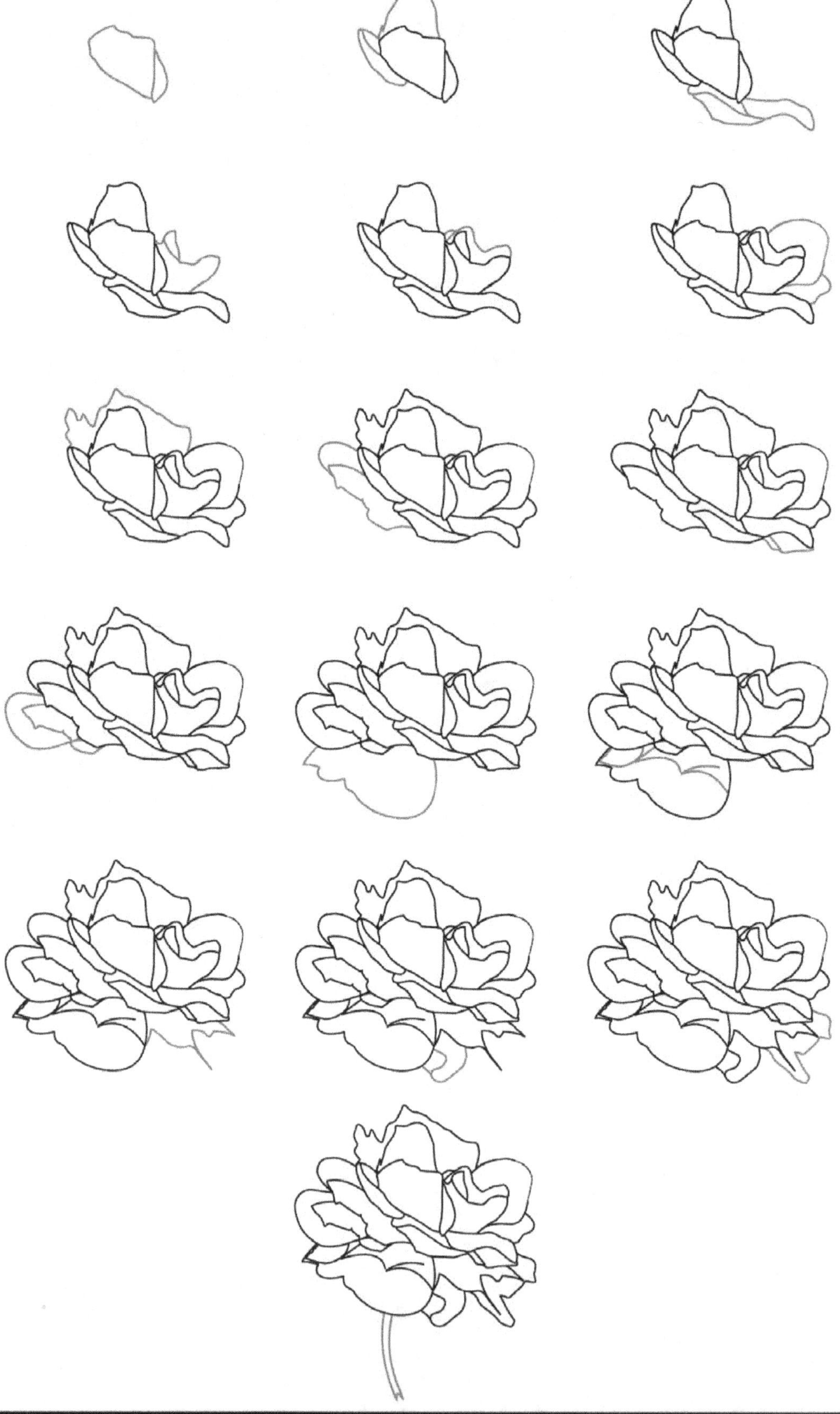

Jetzt Sind Sie Dran!

Zeichnen Lernen

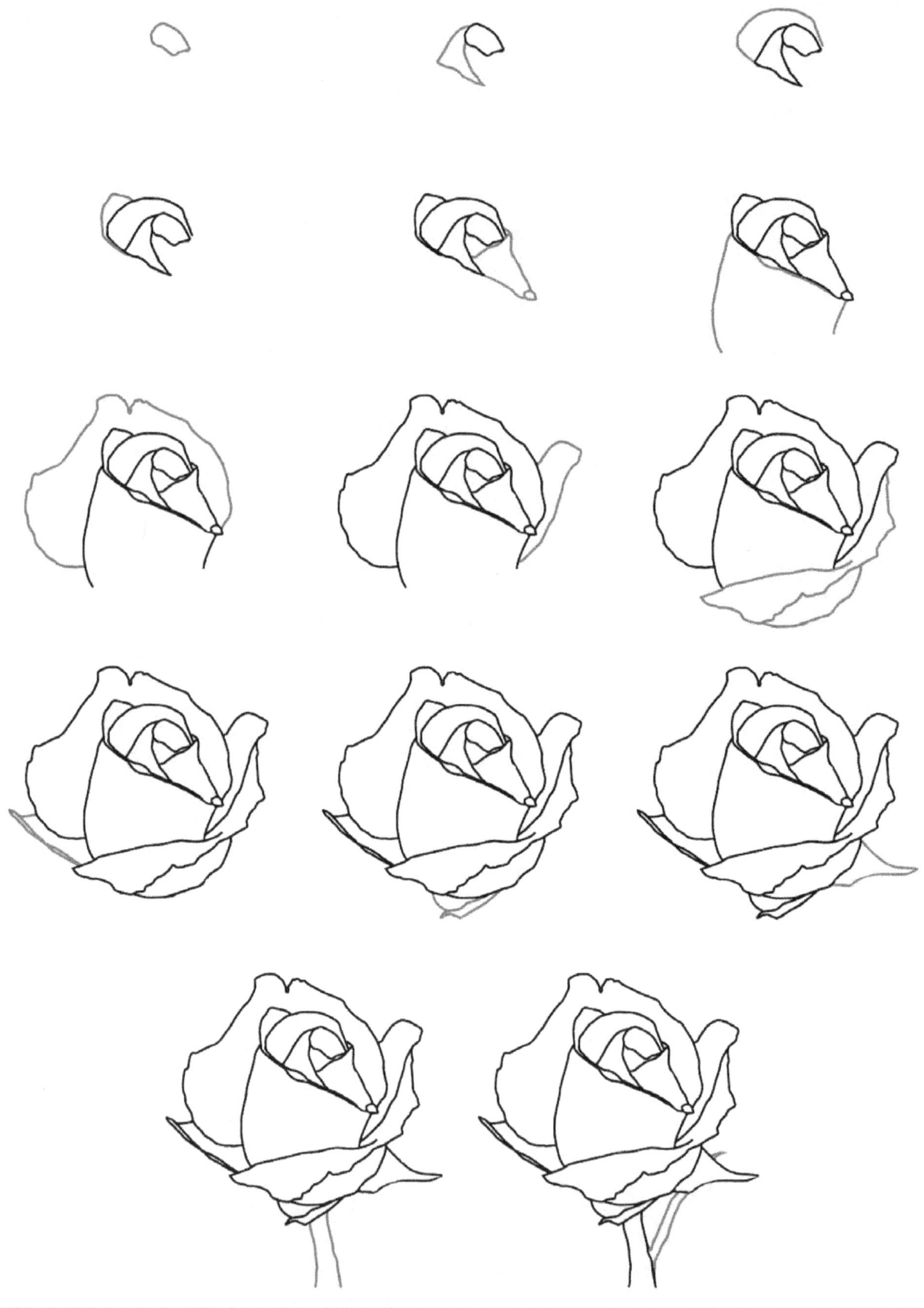

Jetzt Sind Sie Dran!

Zeichnen Lernen

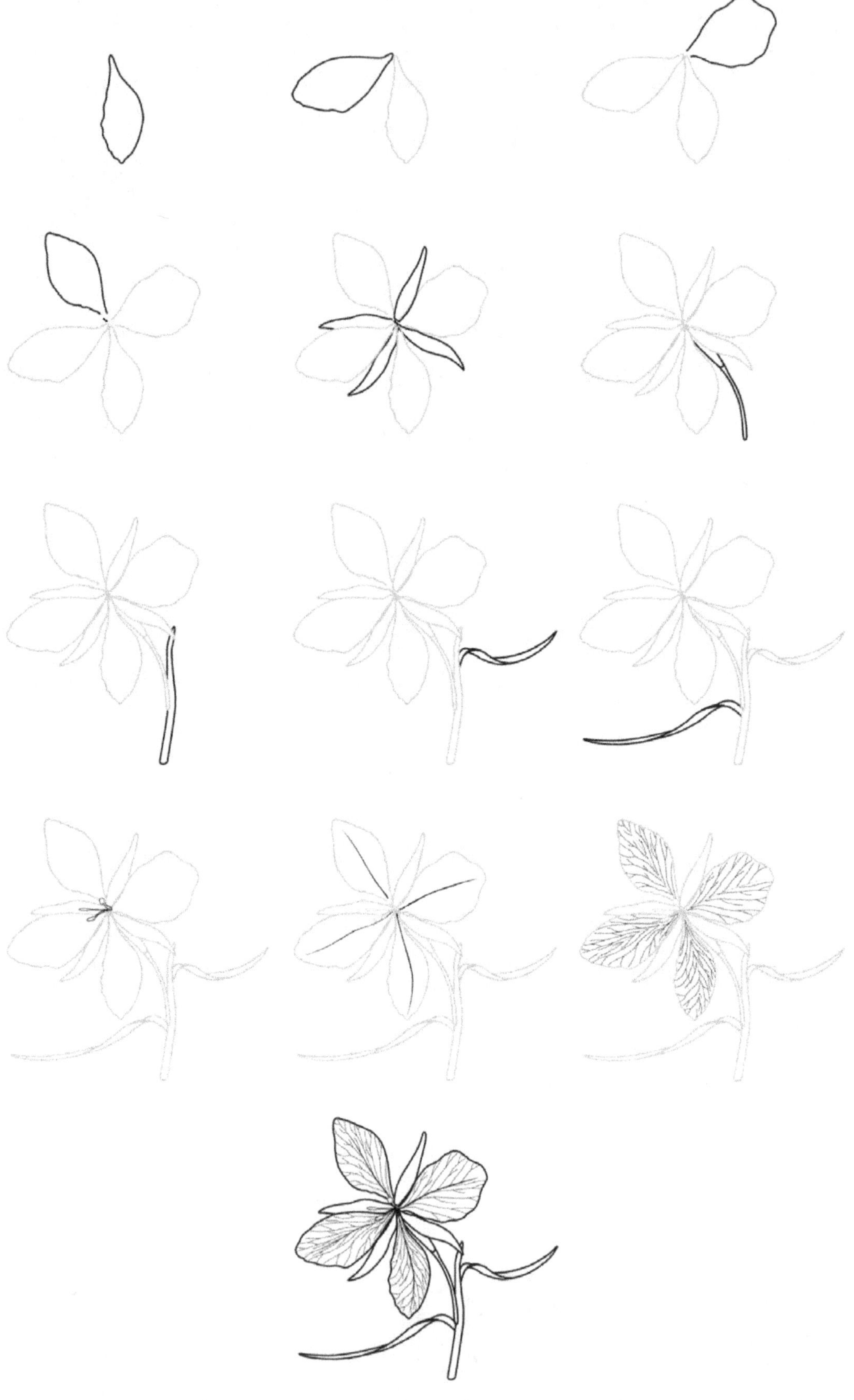

Jelzl Sind Sie Dran!

Zeichnen Lernen

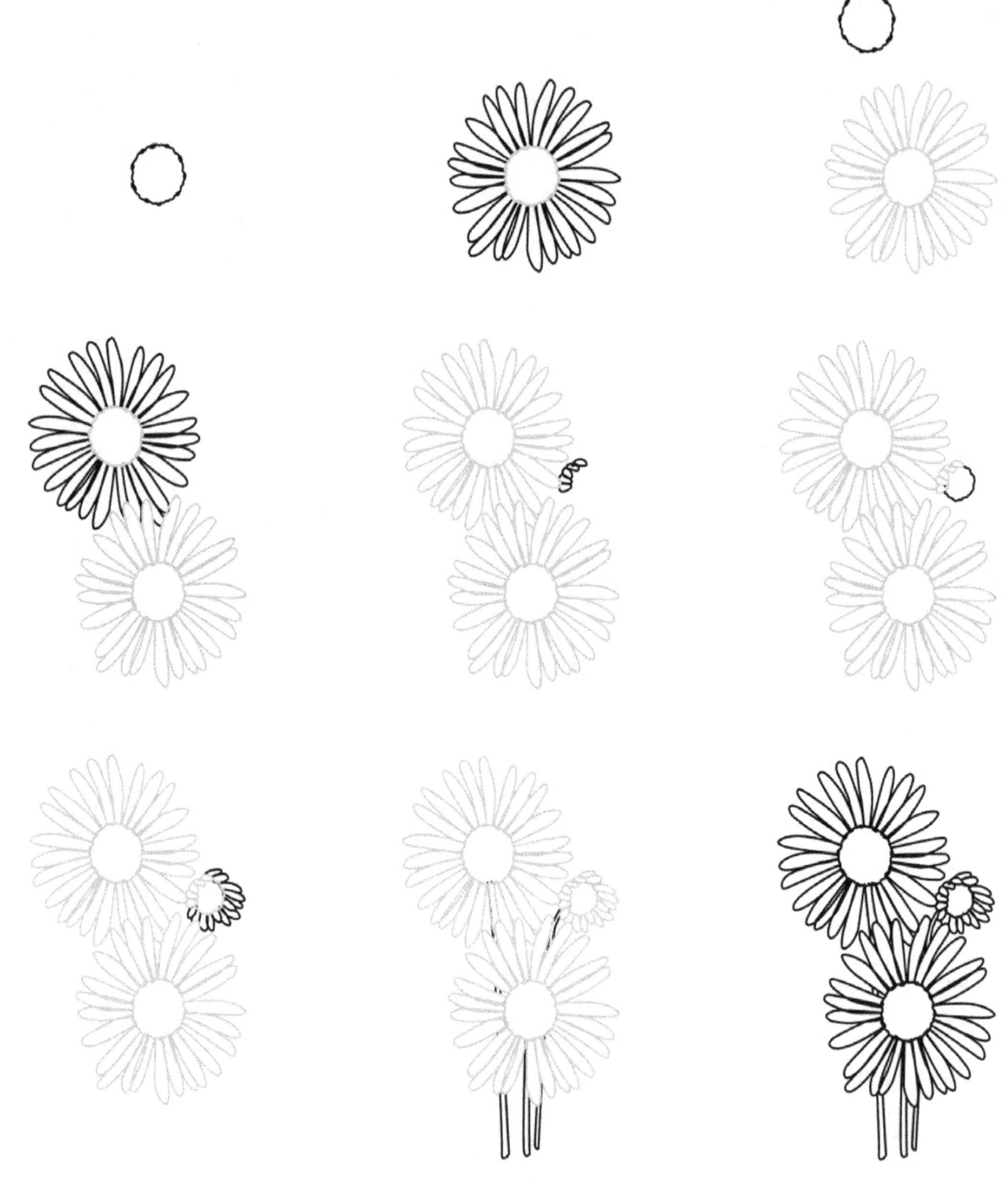

Jetzt Sind Sie Dran!

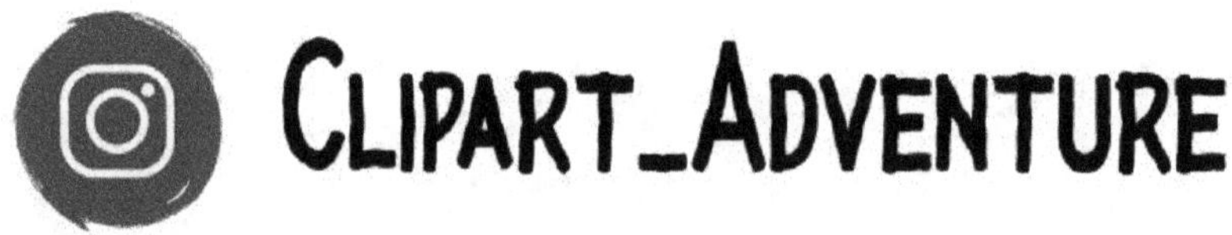

CLIPART_ADVENTURE